斑马書房
BOOKS LIFE

我 思 故 我 在

信息差

看透大数据背后的底层逻辑

［英］保罗·古德温 著
董丹枫 译

Something Doesn't Add Up Surviving Statistics in a Number Mad World

文化发展出版社
Cultural Development Press
·北京·

图书在版编目（CIP）数据

信息差：看透大数据背后的底层逻辑 /（英）保罗·古德温著；董丹枫译. — 北京：文化发展出版社，2024.2

书名原文：Something Doesn't Add Up Surviving Statistics in a Number Mad World

ISBN 978-7-5142-4204-1

Ⅰ.①信… Ⅱ.①保… ②董… Ⅲ.①统计学 Ⅳ.①C8

中国国家版本馆CIP数据核字(2024)第017803号

Copyright © PAUL GOODWIN, 2020
This edition arranged with Profile Books Limited
arranged with Andrew Nurnberg Associates International Limited
北京市版权局著作权合同登记号：图字 01-2023-6254

信息差：看透大数据背后的底层逻辑

著　者：[英]保罗·古德温
译　者：董丹枫

出 版 人：宋　娜	责任印制：杨　骏
责任编辑：肖润征　杨嘉媛	责任校对：岳智勇
特约编辑：唐　三	封面设计：于沧海

出版发行：文化发展出版社（北京市翠微路2号 邮编：100036）
网　　址：www.wenhuafazhan.com
经　　销：全国新华书店
印　　刷：天津鑫旭阳印刷有限公司

开　本：880mm×1230mm　1/32
字　数：180千字
印　张：8.5
版　次：2024年2月第1版
印　次：2024年2月第1次印刷

定　价：49.80元
ISBN：978-7-5142-4204-1

◆ 如有印装质量问题，请电话联系：010-68567015

Contents 目录

序　统计学能让世界变得更好　01

第一章　排名情结：公正的"黑幕"　001

"最佳"　003　　不想思考　006　　评审团悖论　007　　现实不似你所见　011
我住在世界上最理想的城市　021　　冷指标与热指标　024

第二章　代理指标的表象与实质　027

自恋、无聊与吸引力　029　　虚假的相关性　032　　初心正在泯灭　035
你不知道的GDP　038　　犯罪伤害值　044　　对代理指标的最后一声嗤笑　048

第三章　一叶障目，不见泰山　053

"智商"靠谱吗　055　　到处都是"平均水平"　061

第四章　被利用的范围切分　069

迷信5%　071　　迷惑学——学位　082　　为一个标签所累　085
沙堆悖论的哲学挑战　088

第五章　你在为数字而活吗　091

不真实的步数　093　　数字日记　094　　量化我自己　098
爱情评分系统　103

第六章　投票背后的概率指针　105

惊人调查　107　　　变形的框架　109　　　选谁来做样本　112
传说中的误差范围　118　　"标题党"这样诞生　120　　当心指针失灵　123

第七章　"你幸福吗"与指数测量　125

1到10分，你打几分　127　　值得怀疑的回答　129　　自知之明　132
"国民幸福总值"　136　　当疼痛被测量　142　　"不要在自然灾害发生时捐款"　146
所以，我们能相信主观数据吗　152

第八章　软数据碰硬数据　155

主观数据是个"大恶魔"　157　　客观不等于真实　164　　关于贝叶斯　166
贝叶斯定理的两个不寻常的应用　172

第九章　数据故事，数据事故　177

抓捕杀人犯　179　　我们不会相信自己不愿相信的　182　　"算法厌恶"　186
故事让我们暂停怀疑　188　　统计意义上的受害者　189
"内部视角"还是"外部视角"　193　　团体迷思："我们不需要数据"　196

第十章　数据下的焦虑感与安全感　199

当"黑天鹅"频频起飞　201　　贩卖焦虑　204　　0的10%还是0　211
X导致令人生畏的Y　214　　我们不相信那些专家　217
真糟糕，都是负面新闻　223　　为何不必杞人忧天　225

第十一章　回归正轨：何时需要依赖数据

真相是真　229　　　　信息警觉性　230　　　直觉并非一无是处　233

简单3招，让数据有趣　237　　掌控数字，为我所用　244

附录：对于数据的追问

Order 序

统计学能让世界变得更好

1970年初，我在英国赫尔大学商学院谋得了统计学讲师这一职位。当时，"教授统计学能让世界变得更好"这个信念深深地激励着我，在我遇到质疑的时候，我谨记大作家H.G.威尔斯（H. G. Wells）的名言："在将来，统计（学）思维会和读书写字一样，成为一个合格公民的基本素养。"我甚至为了工作面试把这句话一字不落地背了下来，并用它回答了校长的最后一问。我坚信就是这句话感动了面试官，让我得到了这份工作。

那时候，计算机的能力变得越发强大，我曾相信数据统计将为诸多棘手的问题带来一线希望。它可以揭示隐藏的趋势，提示生活方式与疾病间的关联，还可以用于研究是什么阻碍了英国工业的生产力，使其低迷不振。它可以帮助人们做出更好的决策，不论是在家里，还是在工作当中。我还在统计计算中发现了一种迷人的安全感：非对即错。有些时候，我们可以站在不同的角度去理解一本书或一部电影。

或许这就是艺术的本质，但我还是很乐意能提前知道正解，然后再去欣赏它们。当然，也有人说你可以按照任何你需要的角度去解释一个数据。但在当年，我认为这种情况只会发生在故意滥用数据时——在图表中使用有误导性的比例或刻度，或者重复进行小样本调查直到结果令人满意，而这样的做法会产生有问题的数据。我曾相信，只要诚实地使用统计学方法，就会找到无可争辩的事实，就像6加8永远等于14、2和7的平均数永远是4.5一样。

伴随着统计学的快速发展，我对它越发痴迷。很多现在看来习以为常的事，在以前都是令人震惊的。在20世纪70年代中期，计算器在英国已经相当普及了。当时有人笑着给我展示，如果在计算器上输入71011345，然后倒过来看，就是壳牌石油（Shell Oil）的英文拼写。7100553则对应的是埃索石油（Esso Oil）。随着时间推移，计算机已经能对数字进行令人难以置信的计算和处理了。经过简单的学习，你就可以用BASIC语言编写一个程序，在几秒内完成海量数据的计算。统计学从此告别了在纸上不停"加减乘除"的日常操作。在计算机出现之前，每次你都得认真思考自己想测算什么、出于什么目的，因为获得计算结果的过程十分耗时、费力。你得精心设计问题，让每一题都尽其所用。而现在，人们更希望能尽量不设限制，让计算机自由地对数据进行处理，期待着它能找出意料之外的东西。它能即刻告诉你儿童肥胖与安全程度高的游乐场设施是否有关联，或者全世界每年的火箭发射数量跟在美国被授予社会学学位的人数是否具有相关性。当然，计算机没法告诉你这些结果是否有用，或者是否有意义，可我们人类却十分善于给看似不可能的相关关系创造解释，哪怕这些解释都是些无稽之谈。①

那时的我觉得只有能被测量的事情才是真实的。我曾看过一篇1981年发表的报告，它研究的是不同国家的生活满意度。以满分10分计，其中，北爱尔兰获得了7.68分，英国其他地区得了7.67分，而那时的北爱尔兰正饱受动乱之苦。报告中排名最高的是丹麦，而垫底的是日本。这个评分精确到了小数点后两位，看起来相当科学。照此看来，国家的生活满意度应该是真实存在的。按照这个逻辑，道德水平能测量吗？爱呢？或许你可以命令人们在心里想着自己的另一半，然后监测他们的心跳或者排汗水平的变化，再把这些数据合并研究。假设满分10分，超过5分就代表"真爱"，那你很可能发现这些人声称的"爱"并未达到标准，又或许爱并不存在。一位精通数理的同事曾跟我说过，这个世界有两个面，一面是数学的世界，一面是废话的世界。很显然，爱可能属于后者。

你正在被数据控制

如今，数据可谓一时风光无两。在数据化（datafication）的进程

---

① 在《黑天鹅》(*The Black Swan*)一书中，作者纳西姆·尼古拉斯·塔勒布（Nassim Nicholas Taleb）把人们试图通过创造出一套合理的说法去解释实际上并不相关的事件的这种倾向或缺陷，称作"叙事谬误（narrative fallacy）"。

中，我们生活的方方面面都被转化成了数据。我们如何休息、购物、锻炼，如何跟朋友在社交软件上交流，甚至是我们的个性、驾车习惯或者刷牙习惯，都可以用数据来表达。这些数据则被我们这个时代的巨头——大数据拿捏得死死的，任凭那些神秘的算法去构建模型，分析着我们是谁，是什么令我们心动。

然而这些还不是全部。当我们面临去哪里上学、生活或者看病的选择时，我们都是依靠不同的排行榜做决定的。这些排行榜用精确到小数点后一位甚至三位的评分，对各种城市、学校、酒店、餐厅和医院进行排名。有时候我们甚至觉得自己被困于数字的迷雾中，失去了方向。

在生活中的很多领域，数字已经变成了我们的主人，而且是冷酷无情的主人。深受其害的便是客服中心的那群人，几乎他们的每一个动作都被精细地衡量着。我认识的一个客服就曾因上班迟到18秒而被批评过。通话接听或漏接的百分比、通话的平均时长、通话被挂断的百分比——这一个个数字生成了测评电脑屏幕上五颜六色的图表。根据测评内容的不同，对于条形图中最长或最短的那条数据所对应的那个员工，这些数字就可能是个坏消息。现在就连大学老师都十分恐惧"绩效分数不达标"。在某条规定中，凡是学生给老师的评价平均分低于3.5分的（满分5分），这位老师就要被拉去当着一群评委的面，剖析自己的问题。在英国的大学里，一个学者如果能成为"16分得主"，就会受到赞赏。这代表了他在一定的时间内，在排名前4的期刊中发表了4篇论文。而在某些院校，如果你还没能成为"11分得主"，那么就要小心饭碗不保了。

其实有些时候，那些决定事物好坏或者判断事情能否说得通的数字，是毫无道理可言的。在2017年，世界银行的首席经济学家保罗·罗默（Paul Romer）为了倡导更简洁明了的沟通，坚持要求：旗舰报告中"和（and）"这个字出现的比例不得超过全文字数的2.6%，否则就不能出版。好在这次人们在数字的压迫下奋起反抗。而在之后不久，罗默教授也从他的管理职务上卸任了。

人们更多时候会通过改变自己的行为模式去适应和完成量化目标，哪怕这种改变实际上并没有什么意义。这样的案例有很多。据传，苏联时期的一些制鞋厂发现，如果只生产左脚穿的鞋，那他们能更容易达到生产目标。1999年，从英国肯特郡拉姆斯盖特小镇（Ramsgate）发车的康涅克斯（Connex）通勤列车[①]（6:20班次），曾在开往伦敦途中有三站到站未停靠。据说是铁路公司为了追求100%准点率而有意为之。还有，在2013年的某一周，伦敦的剧院门票需求量激增了191%。很显然，那是因为当时英国广播公司（BBC）的"阶级计算器"[②]刚刚在网站推出，人们可以在上面根据自己在财务、社交、文化水平等方面的表现查看自己在英国属于什么社会阶级。其

[①] 指康涅克斯铁路公司旗下东南连通铁路（Connex South Eastern），1996—2003年在英国营运。

[②] 一项基于英国现代社会阶级的问卷（BBC Lab UK's Great British Class Survey）的研究结果。

中,"经常去剧院"的人,评分会更高。

我们当中的一些人,其实已经沦为数字的奴隶了。就在刚才,我的智能手环震了一下,警告我在刚过去的一个小时内,还没有走够目标所需的250步。有时候,为了达成每日10000步的目标,我不得不在半夜11点逼迫自己冲进外面的瓢泼大雨之中,否则我会因为自责而彻夜难眠。感觉如果我没完成任务,以后我就只配责怪自己懒散又懈怠。哪怕已经走到了9800步,我也不敢松懈,仿佛一不小心我就会滑向放纵自己的深渊。

现如今,我每天的心情都是受数字支配的。当我早起发现体重又增加了1磅(1磅≈0.45千克)的时候,当睡眠监测数据表明我的快速眼动睡眠(REM)[①]时长未达到这个年龄段男性正常水平的时候,当发现我的上一本书在亚马逊销售排行榜上下滑到第23707位(比十分钟前下降了3000位)的时候,还有当学术研究监测网站显示上周只有23个人看过我的论文(比前一周下降了24.8%)的时候……我知道我今天的心情不会好了。

怪不得当下会出现一种叫作"社交媒体抑郁症"的新现象。这个现象起码一部分要归咎于像Facebook(脸书)这样的社交媒体上对各种数据的展示。比如,如果一些人的好友数量更多,他们照片下面的赞更多,他们推文下面的留言也更多,那起码在相当数量用户的眼中,这些人肯定更讨人喜欢、更有趣。由此而来的嫉妒心理就会滋生

---

① 正常睡眠周期中最后的一个阶段,在这个阶段中眼球会快速地向各个方向转动。

抑郁情绪，尤其是在青少年当中。但人们都忘记了一件事，就是大部分人根本从没见过也根本不了解自己社交账号中的那成百上千的所谓好友。有个网友还曾写道，自己如何哭着睡去，只因为他那600多位好友中仅有36位给他发了生日祝福。

数据即一切吗？

现在，我突然意识到，那位精通数理的同事关于数学世界和废话世界的理论是错的。这个世界的确有两个面，但这两个面是现实世界和数字世界。且后者再好也不过是前者的一个简化版，而在最坏的情况下，后者甚至会使前者严重失真。

简化当然是很有用的。我们的大脑再有智慧，处理能力也有限度。数字可以引导我们拨开迷雾般的细枝末节，将注意力放在最重要、最核心的信息上。当英国《每日电讯报》说英国女性平均收入比男性低9.4%的时候，它忽略了很多数字背后的细节，比如英国其实有很多高收入的女性，也有很多低收入的男性；比如不同地区的收入水平其实是存在差异的；还比如收入水平其实会随着教育背景和年龄段而发生改变。同样地，这时候我们就需要去看看报道中的"平均"是如何被计算出来的。

数字还可以帮助我们洞察他人的想法。举个例子，如果一个医生告诉我"过两天的手术有80%的成功率"，那么相比起他笼统地说"这个手术很可能会成功"，我会认为前一种表达能让我更好地了解到这个医生的想法。当然，前提是我并不反感用概率来理解可能性。重点是，当你迫使医生去量化他的预测时，他可能会更认真、更有条理地去思考。

不过，大多数时候，要是有人让你给什么东西打个分，比如遇到路上正在做调研的人，你会发现自己的回答总是过于简单化。"从1分到10分，你对于自己的生活有多满意？1代表非常不满意，10代表非常满意。"你的回答可能会受很多因素的影响：当时的天气怎么样，你是不是刚喝了杯咖啡，商场的服务员是不是刚瞥了你一眼，或是潜意识里希望调研员别把你当成一个穷困潦倒的可怜虫。哪怕不考虑这些因素，难道你真的可以把对生活的种种复杂又多元的感受浓缩成一个简单的数字吗？虽然这个分数只能粗略地代表你的感受，但不可否认，生活中大部分的色彩已然丢失在这个单调乏味的数字之中。事情的关键在于，我们要利用好数字的简单化作用，同时也要注意它的局限性，因为数字往往只会告诉你事情的一部分。

当数字世界严重扭曲了它意图代表的现实世界时，我们就该格外小心了。这种扭曲可能是蓄意的——商人、政客、活动家们经常利用数字把戏，向我们贩卖不真实的信息。新闻报道时不时会拿一些不靠谱的数字来吸引我们，以便增加发行量。数字世界的扭曲也可能来自无知或粗心大意。统计学家们有时候在做出重要结论之前，会忘记去核实他们所采用的统计方法能否支持他们做这样的结论。

可问题是，对于很多人而言，数字是枯燥的、不可靠的、神秘的、复杂难懂。不论导致这个问题的原因是社会文化，或是幼时令人生畏的数学老师，还是对数据来源有强烈的不信任感，结果都只有两种——被动地接受那些具有误导性的数字，或者主动拒绝那些可信的数字。在后面这种结果中，那些寻找真相的人只能采信不可靠的定性证据。就像是一篇谴责某户人家是寄生虫的新闻故事，掩盖了许多救济申领者其实也在积极寻找工作的数据；一张老人被暴徒袭击的照片，忽视了其实针对老年人的犯罪是不多见的现象，我们面对这个事实是不必惶恐的。

甚至那些学过数学和喜欢数字的人也不能从上述问题中幸免。心理学研究表明，我们有两套思考系统："系统一"，一个快速、轻松且直觉型的系统；"系统二"，一个缓慢、审慎且分析型的系统。后者需要花费一些力气去调动，所以我们总是默认使用那个简单又直接的"系统一"，但这样做会导致判断失误。我有一个统计学博士毕业的同事，有一次她组团买彩票的小组中了一大笔英国国家彩票。我记得她在庆祝时说："我们最好在下周下注之前换一组数字！"对此，她的解释是，同一组数字几乎不可能连续两周都中奖。如果这时候她的"系统二"听到了就会告诉她，她这个解释是在假设那些号码球都有记忆，并且能在下次抽奖时，有意地把自己排列成一个新的组合。

与前文提到的H.G.威尔斯所希望的恰恰相反，所有这些问题都在妨碍着人们成为一名合格的公民。确实，有一些人就认为这种对数字的漫不经心阻碍了发展进程。在英国脱欧公投阶段，有一辆大巴车在英国各地巡游，车身上印着一句话："脱离欧盟能使英国国民医疗服务体系的可用经费每周增加3.5亿英镑[①]。"当时英国统计局证实了这是个假数据。然而这次澄清并没起多大作用。相反，在一波又一波关乎就业、薪酬、生活成本和外来投资等方面消极数据的影响下，人们纷纷投下了"离开"票。

相比之下，有些人对数字不仅不心存疑虑，反而极度赞颂数字，觉得数字无所不能。这些人同样也可能生活在一个虚妄的世界里。他们并不清楚：智能手环每天记录的步数不等同于健康；对Facebook用户来说，他们手机上显示的好友数并不代表自己在现实中的受欢迎程度或社交能力；对于一个英格兰东北部的失业者而言，政府正在庆贺的3个百分点的GDP增长，并不能增加自己口袋里的钱。说不定这些数字狂热者同样很容易被欺骗，因此他们在社会发展中也难以成为一名合格公民。

本书力图说明，我们总是对有误导性的数据太过重视，却又在数据要传达重要信息的时候对它们视而不见。书中展示了对数字的厌恶与过度狂热是如何蒙蔽我们的双眼的。在这个已然危机重重的"后真相"时代，我们又该如何分辨真相？本书希望能帮助读者在抗拒数字与盲目信任数字这两种可能引发危害的极端之间，找到那个效用最高的区域，进而使我们能够按所需去正确地利用数字，同时也能够看到数字的不足，并敢于对存在误导性的数字提出疑问。如果拥有了这样的技能，那我们也许能做出更好的决策。

[①] 约合人民币32亿元。（本书中外汇核算以当时汇率为准。数据仅供了解。）

所以，要如何才能让人们善用数字呢？说得通俗一点——关键还是要找到平衡。在本书的末尾，我们会讨论如何通过让数字变得更适用和更吸引人来做到这一点。同时，你还能找到一个工具包，它能够帮你更好地判断数据是否有效。说到底，最重要的是，我们要去正确运用数字，而不是让数字来掌控我们的生活。要做到这一点其实并不容易，就像此刻的我正在努力压制自己想要查看一篇参考书目的评分的冲动。毕竟，单凭一个数字又怎么能判断一本书容不容易读呢？我不认可。

好吧，我查了一下，还是有52.9分的。这下我就放心啦。

第一章 PART 1

排名情结：公正的「黑幕」

苹果和橙子孰优孰劣呢？那橙子和梨呢？如果你真想知道答案，我可以制作一个排行榜来告诉你。

"最佳"

当我在谷歌（Google）搜索"年度最佳"这个词条的时候，搜到了近6840000个结果。这当中不仅有年度最佳博物馆、年度最佳商业分析师、年度最佳议员、年度最佳养老金计划、年度最佳布道演说、年度最佳棺材生产商，还有众多例如年度最佳书籍、年度最佳球员和年度最佳雇主的奖项，甚至还有年度最佳厕所。有一个叫作"年度最怪书名"的奖项，它2017年的热门候选书籍包括《膝盖上的乳头》和《伦纳克斯澳大利亚前十进制和十进制硬币错误：澳大利亚前十进制和十进制硬币错误最全指南》。

一个头衔可以激起人们巨大的好胜心。曾经就出现过园艺大赛的参赛者趁深夜蓄意毁坏对手精心培育的植物的事件。还有在观鸟这项本该是英国人展现优雅、绅士的活动中，参与者竟然为了争夺排名而大打出手，还被《华盛顿邮报》的资深记者安东尼·费奥拉（Anthony Faiola）评论为"十分凶残"。类似这样的报道比比皆是。有时候，一些奖项的设置旨在激励企业提高产品质量和服务水平，并赋予获奖企业相应的荣誉和满足感。不承想，这些努力和进步却可能被一些未获奖企业的消极懈怠，甚至愤恨、埋怨抵消掉。

排名和奖项除了可能造就几家欢喜几家愁的情况，还深深影响着我们的决策。我们可能会选择荣获"年度大学"的学校，购买获评

"年度汽车"的座驾，按照"年度财务顾问"的观点投资理财，或把晋升名额给一位赢得了"年度期刊论文"的学者。可是，排第一的真的就是最好的吗？

有时，排名的意义就像是判断苹果和橙子孰优孰劣——如果无法抉择，那就扔硬币决定吧。既然非要比个高下，那总得有个赢家，否则就闹了笑话。多年前，我的一个亲戚被邻居临时拉去做青少年女子舞团比赛的裁判，因为其中一个常务裁判因病缺席。我的亲戚推辞道："可是我完全不懂跳舞啊！"那位邻居咯咯地笑了："没事儿，到时候你拿到排名表，随便填一下就行啦。我一直都是这样弄的。"我不禁想到，也许此时在某个地方，一位中年女士正拿着旧照片，骄傲地向她的孙子孙女们展示自己曾经获得的女子舞团大奖。

就算我们想公平公正地进行排名，可面对众多选项，第一的荣誉到底颁发给谁不免让人为难。报纸杂志经常有一些排名专栏，推荐伦敦最好吃的餐厅、今年最值得购入的车或者今年最值得一读的新书。当然，严格来讲，只有所有候选项目都被全面地评估对比之后，这些评级才算是准确的。可是这些专栏作者真的尝遍了伦敦所有餐厅，试驾了近一年上市的所有新车，或是翻阅了每一本新书吗？要知道，伦敦至少有17000家餐厅，仅2018年二至四季度就有67款新车计划上市，2015年英国大约出版了17万种新书。

美国心理学家贝瑞·施瓦茨（Barry Schwartz）把一些人定义为"最大化者"，他们认为"识别出最优选择是十分重要的"，他们都在坚定地追寻着更理想的工作、更契合的伴侣、更称心的汽车或更舒适的住处。在施瓦茨的诊断量表中有这样一个问题,问答题人是否同意以下说法:"我认为感情就像是衣服一样——我期待在找到最合适的之前,可以多试几次。"另一个问题则是问答题者在多大程度上认为自己喜欢那些给事物排名的清单(例如最佳电影、最佳歌手、最佳运动员、最佳小说,等等)。

你很可能会发现"最大化者"很喜欢不断地切换电视频道,因为他们总觉得其他台可能在播更好看的节目;或者发现他们也会在商店中花上好几个小时,只因为苦恼哪个产品最值得入手。写电子邮件、编辑短信更是让他们苦恼不已,因为措辞得恰到好处才行。悔恨和自责往往主宰着他们的思想,因为他们意识到,尽管付诸努力,还是会与最好的失之交臂。

我记得曾经跟一个朋友计划一起去安达卢西亚(Andalusia)度假。当我觉得计划可以敲定时,他突然又挑出毛病来,譬如这样安排价格太高了,而且花在小巴车上的时间未免也太多了。于是我们开始研究便宜一些的行程。但这些都不如最初的选择那么有吸引力,原计划我们会住在风景如画的山间别墅中,可结果我们只能蜗居在繁华城镇的高层酒店里。也许原本的计划才是最好的计划,只可惜……

美国经济学家、诺贝尔经济学奖得主赫伯特·亚历山大·西蒙(Herbert Alexander Simon)也提出了一个概念——"满足者"。相比"最大化者","满足者"的生活可能要幸福得多,他们懂得知足,不吹毛求疵,因此对排名没什么执念。

不想思考

"最大化者"承受的巨大痛苦，一部分来源于无法将面前的不同选项进行比较。当我们挑选汽车的时候，某一款车可能空间大、颜值高、配置高级且性能可靠，但它同时可能油耗大，甚至在平地行驶时都会颠簸不稳、噪声不断。而另一款车可能性价比更高，但相比之下外观显得十分老土且空间狭小。

心理学家发现，当面对这种情况时，我们是无法处理这当中所有的信息的。换句话说，我们不得不在心里做出取舍。油耗多10个单位换成多少腿部空间划算？更高的配置值得放弃平稳的驾驶感吗？为了不庸人自扰，我们会采用简化的方式来处理。其中一个策略就是，找出一个我们认为最重要的条件，比如说"性能可靠"，然后把所有的备选按这个条件进行排列，别的条件就暂且抛到脑后吧。如果出现两个备选不分上下的情况，那就再找出一个第二重要的条件，比如"油耗低"，然后再进行排列，以此类推。这个简单的方法有一个冗长到不搭调的名字——按词典编辑方式排序（lexicographic ordering），因为它效仿了单词在词典中排列的方式。但使用这个方法有一个问题——它可能会指引你挑到一辆性能十分可靠，但其他方面都很糟糕的车。

另一个策略是，给每个条件设置一些合理的限制，然后剔除所有不符合要求的备选车型。例如，去掉每百千米油耗高于6.28升的车，腿部空间小于1.2米的车，后备厢空间太小的车，等等，以此期待着最后能留下一款符合要求的车。但这个方法的问题是，也许你去掉了一辆每百千米油耗6.42升的车，但其实它在其他方面都挑不出毛病。

在某些情况下，我们可以把脑力劳动简化到最小，选择一辆我们熟识的品牌的车，而不是那些闻所未闻的品牌。心理学家把这种决策方式称为再认启发式。这个方法有时候蛮合理的，因为能成为知名的品牌或产品，它们大多已经经过时间和市场的检验。但这个方法也不是万能的，比如所有可选产品的牌子我们都认识，或者某个极富创新力的小众品牌的东西其实更好。

又如，招聘过程中，有一些招聘方会用一种叫作"按特征淘汰"的方法，帮助他们从成堆的求职简历中快速筛选出一份数量合适的候选者名单。很多人都在好奇，究竟有多少优秀的人，只因为考试分数比硬性规定的低了几分，或是因为相关岗位的工作经历比招聘者草率定下的时长少了一个月，而最终没能进入候选名单。

到头来，我们还是经常任凭直觉来行事。我们选了那辆停在家门口会让邻居交口称赞的车；我们选了那位跟公司的气质最搭，看起来性格最为热情开朗的应聘者。反正，最后我们总能想出一些自圆其说的理由，让我们的决策过程看似深思熟虑、严正无误。

评审团悖论

大多数"年度最佳"一类的奖项，不论是评选书、车、球员，还是员工，都是由一组评审而不是一个人来打分的。比如，2018年的英国曼布克小说奖就有5位评审，而英国年度汽车大奖有27位评审。英文中有句俗语："两个脑袋总比一个强。"这么说来，5个脑袋或者27个脑袋更强，应该能评出一个让大家都信服的排名。我们只需要找一组专家，让他们每个人按照自己的偏好给候选人排名，并把票投给他们心仪的那个，那么获得最多票数的候选人就是大奖得主。遗憾的是，孔多塞侯爵（Marquis de Condorcet，18世纪法国哲学家、数学家）早就指出，这种投票方法在一些情况下会导致一个非常荒诞的结果。

孔多塞出生于1743年，在那个年代，他是一个观念十分先进的人。他支持女性拥有选举权，谴责奴隶制度，捍卫人权，并且公开反对死刑。在法国大革命期间，他表现得十分活跃，最终得罪了当局，在躲避了一段时间后被捕。两天后，他在狱中离奇死亡。但是，他为人类留下了珍贵的遗产。孔多塞几乎是最早将数学应用在评审制度分析的人。1785年，他写下了一篇文章，阐述了一种被当代人称为"孔多塞悖论"的理论。

假设一个评审团有三名评委——派克、昆兰和罗杰斯，他们要评出"年度最胡言乱语奖"。这个大奖会颁给在过去一年中发表过最令人费解言论的名人。[当然，在现实中并没有这个奖项。不过英国简明英语组织创立了"笨嘴笨舌奖"（Foot in Mouth Award），是颁给言辞最令人困惑的公众人物的。]我们的"年度最胡言乱语奖"，最终有三人入围候选名单，不过为了不让人太过难堪，我们姑且叫他们A、B和C。三名评审分别给三个候选人的排名如下（例如派克认为名人A是最佳人选，其次是B，最后是C）：

派克：　　　A　　B　　C
昆兰：　　　B　　C　　A
罗杰斯：　　C　　A　　B

为了简化决策过程，评审们同意对候选人进行两两对比。有两位评审相较B更喜欢A，所以A比B排名更高。有两位评审相较C更喜欢B，所以B比C排名更高。到这一步，我们似乎已经有了结果——A胜了B，B胜了C。可是就当我们准备宣布名人A获得大奖的时候，有人发现了一个问题：如果我们将A和C进行比较，排名更高的将是C。孔多塞证明了这种投票方式会让我们进入一个无止境的偏好循环，也就是出现了关系的"不可传递性"。大部分评审觉得A比B好，大部分评审也觉得B比C好，可是，怪诞的是，大部分评审同时还觉得C比A好。更糟糕的是，聪明的评审还可以利用这种投票机制，以确保他们最不喜欢的候选人必然会落选。他们会故意投票给自己并非真正支持的候选人，来达到上述目的。这种方式也被称为策略性投票或战术投票。

时间过去了150年，就在第二次世界大战之后，美国经济学家肯尼斯·阿罗（Kenneth Arrow）在自己的"一般均衡理论"中对孔多塞的理论进行了延伸，这个理论也让他获得了1972年的诺贝尔经济学奖。阿罗教授证明了，当有两个以上候选人参加排名的时候，没有任何一个投票机制能保证同时满足下列条件：避免出现不可传递性；没有独裁者在操控结果；如果每位评审都认为某候选人比另一位候选人好，那么投票结果一定会体现这一偏好。在"二战"后大家都期待建立的那个美丽新世界中，阿罗的这个发现令人沮丧——设计出完美的、人人都满意的体系看似只是一个白日梦。它还说明，尽管个体可以有一致的偏好，但是群体不能：当一个评审团中的一部分人喜欢某款车，而其他人喜欢另一款的时候，我们不能说整个评审团都更喜欢某一款车。政客们经常这样说："选民们告诉我们，他们想要……"但是这可能吗？

那么，既然投票无法确保排名的准确性，或许我们就应该直接让一群专家围坐一桌，讨论研究出谁或者什么为某某"年度最佳大奖"的得主。可是，在一群人共同商议事情的时候，同样会出现不妙的事。立场坚定和能说会道的人可以主导会议进程，进而左右群体的最终结论。更糟的是，在那种顺从度高且没人想要推翻规则的集体中，成员甚至可能会忽略现实，陷入一种叫团体迷思（或群体思维）的困境。在这样的团体中，每个成员都竭力去支持领导所提出的方案，哪怕这么做显然是不明智、不正确，甚至是轻率鲁莽的。而那些持反对意见的人则会保持沉默，并且开始质疑起自己的看法来。以至于这个团体最终能够自信地做出一个在外界看来近乎疯狂的决策。

至于"顺从"是如何惑乱团体决策的，还得看美国心理学家所罗门·阿希（Solomon Asch）的从众实验。实验证实了，当团体中的一些人力捧一个明显错误的答案时，其他人甚至会质疑自己眼前的事实。

在阿希的实验中，有一组参与者被要求判断出面前卡片上画着的竖线当中，哪两条竖线的长度相同。这本是一个很简单的问题——其他线的长度都相差很多。但是每组参与者中只有一位是真正的被测试者，其余的组员都是阿希找的"帮手"，他们被要求做出错误的回答——声称长度本不相等的两条竖线是相等的。出人意料的是，75%的被测试者都至少有一次在作答时，刻意选择了与帮手们相同的答案。后来，有些人回忆说，自己当时很担心固执己见会出糗。还有些人坚信，既然其他人的答案都一样，那他们肯定就是对的。

如果群体可以如此扭曲人们的判断，那我们就应该对那些媒体大肆宣传的"年度最佳大奖"更加谨慎。当我们想要给什么东西排名的时候，也许我们应该摒弃人为的判断。相反，我们可以使用客观数据，再用一个什么公式，把这些数据转化成精确的、看似很科学的排名，即创立一个排行榜。

现实不似你所见

我侄女该上大学了，她正在考虑要申请哪些学校，但这可不是一个容易的选择。这段时间，各大学为了抢夺生源，纷纷打响了漂亮的营销战役，用诱人的话术吸引着准备申请大学的学生。"属于你的天地""冒险，从这里开始""欢迎世界变革者""不惧、无畏"等口号，都是用来引起18岁热血青年共鸣的。在这个充斥着广告语和营销宣传的世界里，一个人究竟怎样才能挑选出真正适合自己的大学呢？我侄女指望着排行榜可以为她指点迷津。

我们大部分人没法拒绝排行榜这个事物。学校排行榜、最宜居城市排行榜——它们都能让报纸大卖。我们会急不可待地翻到相应的版面，看看我们的母校或城市现在的排名情况。能够与排名前三的学校或者最受欢迎的城市扯上关系，会让我们倍感幸福，甚至可以让我们找到更好的工作或者令我们的房子升值。排行榜帮我们省去了绞尽脑汁地在不同备选项的优缺点中做取舍的过程，换言之，它给我们提供了一个简单又快速的决策方法。它看起来很官方、很科学、很精确，也确实让错综复杂的世界变得有序可循。排行榜会告诉你，你的国家在各方面的表现，比如幸福感、贪腐程度、资源回收、运动健康、广告创意、儿童福利、生产力水平。排行榜还能帮你挑选房产经纪人、公交车司机、医院，或者适合带小孩去的餐厅。但是非常遗憾，有些排行榜存在根本性的错误。

许多排行榜是公开透明的，即对于数据是如何收集的，榜单是如何编辑整理的，都做出了详细的说明。但是榜单背后的那些依据读来十分无趣，我们大多数人还是更喜欢坐享其成——看看我们最喜欢的候选人在不在榜单前列。然而，此刻便是问题的开始。

就拿大学排行榜来说。那些为报刊编辑整理这个榜单的人，往往是想要达到若干目的。首先，他们会希望这份排行榜有新闻价值，所以当中必然要包含一些惊喜。其次，相较去年的榜单和其他报刊的榜单，它需要有明显的不同，不然谁会为新出版的报纸买单呢？同时，这个排行榜必须要有可信度。为了满足可信度，这个榜单必然不能太过出乎意料。在英国，如果一个大学排行榜的榜单中没有出现牛津或剑桥的名字，那人们一定会觉得这个榜单的计算方法有问题。这也许解释了为什么在2000年发布的某排行榜上，牛津大学的赛德商学院（Saïd Business School）即便对于将近一半的测评内容没有提供相关数据，却依然可以高居第二名。

为了表示尊重，榜单的编辑们首先需要收集一些与大学、各学院及其提供的某类课程的质量水平相关的"客观"数据。对于类似工商管理硕士（MBA）这样的商学院研究生课程，需要收集的数据可能包含了学生在完成学业后可以拿到的平均工资，大学学院或商学院的研究评级，学校聘请外籍教师的比例，拥有博士学位的讲师比例，等等。当然，没人能保证单凭这些指标，就能评定课程质量。

接下来，他们就需要把这些数据、指标都合并在一起，给每个大学打出一个综合得分。问题是，这些评分项的重要性可能并不等同，于是他们还需要给每个评分项附上一个权重值，以体现它们不同的重要程度。举例来说，他们可能会允许大学综合评分的构成结构为：60%权重的毕业生的平均工资水平，15%权重的大学的研究评级，而来自博士学位讲师比例的权重仅占5%，诸如此类。可是大学的潜在申请者们对这些评分项却各有侧重，也许有些学生更偏好外籍教师，也许另一些学生更重视学校的研究水平。鉴于此，榜单的编辑们能做的，就是尝试用他们觉得大部分读者都能接受的权重配比来评分。他们也许会针对潜在申请者进行一些问卷调查，看看同学们觉得哪些因素比较重要。但是他们依然需要对调查结果进行处理，以找到其中的平均值。到最后，榜单中的权重依然很难满足申请者的需求。尽管荣登榜首的大学对于处于平均水平的那些学生可能是最优选，但对于我的侄女来说，它并不一定是最好的或者说最合适的选择。

但是，即便不考虑上述这些弊端，很多大学排行榜所采用的权重分数还存在一个更深层的问题，并且很讽刺的是，这个问题意味着这些排行榜根本无法通过学术审查。这一切都要归咎于"重要性"这个词的含义。如果一个潜在申请人正在依据一份排行榜来决定申请哪所大学，他可能会优先考虑毕业后的工资水平。可事与愿违，这个因素可能跟他选择哪个大学实质上毫无关联。假设，有一段时间，每所大学的毕业生平均工资都是一样的。那么平均工资对于申请哪所学校来说并不重要，因为不管去了哪所大学，毕业后的收入可能都一样。所以这个因素实际上是个无关因素，它的权重应该是0才对。

举个更实际一点的例子。假设毕业后的平均工资是有差别的，但是最高值和最低值之间相差无几——比如每年区区200英镑[1]——那么这个因素跟我的决策有一些关联，但是实则它并不重要。此时，我去哪里读书对我的预期收入水平影响很小，因此这个因素的权重也应该很小。换句话说，权重不应该根据某个因素本身的重要性而定，而应根据该因素的最高值与最低值之差——这个"差值"的重要性——而定。很遗憾，在大部分公布出来的排行榜之中，很难找到如此确定权重的。那么，如果他们把权重用错了，一些被附上了很大权重的因

---

[1] 约合人民币1800元。

素哪怕发生很小的变化都会对最后的评分产生巨大的影响。某大学可能就会因为其毕业生的平均工资比其他大学的高了一点点而占据了一个很高的排名，哪怕它在别的方面都远不如其他大学。

在某些情况之下，我们甚至会发现，这种权重的错误会导致一种叫作排序逆转的奇怪现象。在一个排行榜中，A大学比B大学排名更高，但是当一个新的大学——C大学也跟着加入排名的时候，B突然发现自己被排到了A的前面，尽管这几个学校在各个方面的表现都没有发生变化。正常来讲，如果A大学的表现比B大学更好，那么不论是否加上C大学，这个排序都不应该发生变化才对。

排序逆转的发生有多种原因，以下这个简单的例子描述了其中的一种。

我们要将两所大学——A和B，依照两个因素进行排名：第一，在过去两年中，教职人员发表论文的平均数；第二，每所大学分配给每位学生的教学和图书馆设施方面的投入。相关数据如下所示。负责编辑这个排行榜的人判断，论文发表数量应该占70%的权重，而学生人均经费应该占30%的权重。他认为这样分配体现了这两个因素各自的重要程度，但他注意到B大学教师的人均论文发表数跟A大学的十分接近（见表1）。

表1

大学	教师人均论文发表数量（篇）	学生人均经费（美元）
A	10	2000
B	9	4000
权重	70%	30%

因为这两个因素所使用的计量单位不同，我们将它们都转换成一个0~100（0代表最差，100代表最好）的分数。这样可以使不同因素之间具有可比性，且这是编辑排行榜的一个常规操作（见表2）。

表2

大学	教师人均论文发表数量	学生人均经费
A	100	0
B	0	100
权重	70%	30%

现在，我们就可以来计算每所大学的综合评分，把每个因素的分数和相应的权重相乘，然后把两个因素的加权得分相加。所以，A大学的综合评分为（70%×100）+（30%×0）=70；B大学的综合评分为（70%×0）+（30%×100）=30。所以A超过B，排在第一位。

接下来，我们在排名中加入第三所大学，C大学。情况如表3所示。

表3

大学	教师人均论文发表数量（篇）	学生人均经费（美元）
A	10	2000
B	9	4000
C	5	5000
权重	70%	30%

当我们将这些数值转换成0～100的分值后，我们会得到下面这个表格。由于B大学的教师人均论文发表数量处在C和A之间的4/5处，所以B学校"教师人均论文发表数量"转换为80分，同理B学校"学生人均经费"转换为67分。情况如表4所示。

表4

大学	教师人均论文发表数量	学生人均经费
A	100	0
B	80	67
C	0	100
权重	70%	30%

把每所大学各评分项得分，分别与对应权重相乘，再把结果相加，最终我们可以得到以下综合得分：A大学70分，B大学76分，C大学30分。即B又超过了A，排在了第一位。

这个过程中究竟发生了什么呢？当只有两所大学的时

第一章

排名情结：公正的"黑幕"

> 017

候，70%的权重被分配给了"教师人均论文发表数量"，却忽略了一个事实——在这个评分项上A与B之间的差距很小。这代表了，在这个评分项上，B相较于A的劣势被夸大了。然而，当C被加进来的时候，由于它在人均论文数量上与其他大学相差甚远，使得这一项的分值空间变得更大。而这进一步导致了B在以0~100的分值表示的时候，分数飙升至80。再加上这一项有相当大的权重（70%），所有这些因素使得B在总分上压倒了A。

关键在于，转换到0~100分值的方式忽视了一个事实，那就是有一些因素中最高值和最低值之间的差距可能相对不具有重要性。一般来讲，一个更大的差值本该对应一个更大的权重。比如人均论文发表数量，从5篇到10篇的增长所具有的重要性，应该比从9篇到10篇的重要性更大。如果，像上面这个例子当中，权重不能够体现这个差距的重要性的话，排名逆转这样的反常现象就有可能出现。

这种给重要性分配权重的问题十分容易被忽略，以致在很长时间内，甚至连顶尖的决策分析师（那些帮助决策者设计决策方案或软件的人）都被蒙蔽了。直到一个姓名不详的人发现了很多常用的方法都是错误的。1986年，两位美国学术界的领军人物，德特洛夫·冯·温特菲尔特（Detlof von Winterfeldt）和沃德·爱德华兹（Ward Edwards）共同出版了一部有关决策制定的著作。在著作中他们公开揭露了上述错误，同时也给出了确定权重的标准方法。人们也许已经在看似科学实则错误的方法之下制定了无数决策，而更令人担心的是，现在依然有很多商用的协助决策的软件，推荐人们像上述大部分排行榜中那样使用权重。

近几年，报纸的特别版面常常关乎大学排行榜。最常见的头版头条就是"来看看最大的赢家和输家"这一类的标题。在报纸的后面几页，还会有高居榜首的学校领导在采访中分享他们的成功历程，同时学生代表也表示与有荣焉。而"某某学校冲进前十""某某学校挺进前三"则是常见的、用词夸张的副标题，仿佛在描述成群的学者身着长袍、像入侵的军队一样冲上山顶、沿途都是散落的学士帽的画面。在标题下面，一般是一张照片，上面是正在微笑的副校长——我猜测他心里一定觉得自己这次的优秀表现值得加薪奖励。第二天，各大学的官网就会更新版面，仿佛要通告全世界自己在某排行榜上位居榜首，或位居前五、前十；下面还附上了一系列新闻报道的链接。

但是，当大学与大学间的综合得分差距很小的时候（毕竟这也是常事），一些无关紧要的随机事件就可以使学校的排名在一年中发生很大的变化。比如这一年的毕业生平均工资相较上一年略有下降；或者赵博士为了住得离女儿近一点，去了另一所大学任教，于是具有博士学位的教职人员比例下降了。虽然这些排名变化让每年的新榜单充满新闻价值，但这并不代表人们就应该相信大学的相对水平在一年间可以发生那么大的变化。举个例子，在《卫报》的大学排行榜上，拉夫堡大学就曾经在2016~2017年，从第11名上升到第4名。而在2018年的排名上,乍一看排在第5名的巴斯大学应该比排在第9名的兰卡斯特大学好很多,但实际上前者得分81.9,后者得分80.8,只差了1.1分。

甚至对于一些排名长期稳步上升(或下降)的学校,我们也开始怀疑其境况是否真的蒸蒸日上(或每况愈下)。在2012~2016年,耶鲁大学,那个拥有超过16位诺贝尔奖得主、诞生了5位美国总统的大学,从QS世界大学排名[①]的第7名跌到了第15名。可是那些用来确定排名的标准,真能反映出一所大学的教学和研究水平吗?例如,"本校学者论文被引用的平均次数"这种评分标准,就与大学所教授的学科种类密切相关,即理工科的论文较之人文艺术学科,更容易被引用。又如,"高比例的外籍教师"这种指标,最多只能勉强证明这所大学能进行更多世界级的研究罢了。

有些时候,排名中发生的结构性变化可能来自一些意想不到的因素。几年前,在一个国际性的排行榜上,英国大学的MBA(工商管理硕士)课程排名纷纷飙升至一众美国大学的MBA课程之上。原因是,学生毕业后工资上涨金额的平均数——一个在英国大学中按英镑计量的数值——被表格的编辑者换算成了美元,而在当时,国际货币市场中英镑兑美元的汇率正在走高。一夜之间,英国的MBA教育就超越了它们的美国同行,然而,没人想到去查看一下汇率。

[①] 英国一家国际教育市场咨询公司Quacquarelli Symonds(简称QS)所发表的年度世界大学排名。

我住在世界上最理想的城市

我很同情2016年的维也纳人,他们生活的城市不再是最理想的居住地了。这个诞生了弗洛伊德、马勒、舒伯特、薛定谔,随处可见壮观的哈布斯堡帝国建筑的城市,在这一年《经济学人》评选的世界最宜居城市中,竟然只获得了97.4分。墨尔本击败了维也纳一举夺魁。墨尔本时任市长罗伯特·道尔(Robert Doyle)在推特上发文说:"身为墨尔本人,今天真高兴!"虽然墨尔本的获奖分数是97.5,仅比维也纳高了0.1分,但起码定居在维也纳的人不用忍受那些汉堡居民的痛苦了——毕竟汉堡才得了95.0分,已经跌至第10名。再者,还有伦敦——一个跌到第53名的城市也在衬托着墨尔本的光荣。

这0.1分的优势造成了多大的影响呢?美国诗人威廉·卡伦·布莱恩特(William C. Bryant)曾说:"第一名不代表一切,但它赢过一切的第二名。"该评选发布后,全世界的新闻头条都在报道墨尔本。在照片中,划船队在雅拉河(Yarra River)上排成一排,身后是绿油油的河岸、树木和高耸入云的摩天大楼,这一切无不彰显着现代化和繁荣昌盛。同时,墨尔本那富裕的海湾郊区布莱顿也加入了表演。人们看到那里的居民在金色沙滩上晒着太阳,四周环绕着五彩缤纷的沙滩小木屋、棕榈树和绵延的海边公寓(房价中值:160万英镑[①])。

但在这个"都市天堂"中,似乎出现了一些不和谐的音符。一个

[①] 约合人民币1440万元。

女人打断了副市长正在宣传墨尔本"世界第一"的记者会。"太恶心了！"她大喊道，"墨尔本应该为自己感到羞耻。"原来，她是来抗议过去两年间，露宿在城市中央商务区的平均人数上涨了74%，预计早已超过了200人。

还有一份调查发现，近半数的墨尔本人对于自己城市的高生活成本感到沮丧。还有，虽然墨尔本在教育、医疗和基础建设几个方面都得到了满分，但本地新闻还是忍不住把这个分数拿来和人们的亲身经历做对比，例如高峰期被堵在庞特路上，或和几千人一起等待非急需手术的排期。

没有哪个城市是完美的，可是97.5的分数看起来已经趋近于完美了。这就提出了一个疑问：究竟能不能用一个数字——哪怕它精确到一位小数——来衡量几百万人亲身体验着的所谓宜居性（不管它到底是什么意思）？结果是，原来《经济学人》发表的这个排名，设计之初并非为了体现那些入选城市中普罗大众的生活感受。其实这个榜单主要是为了协助跨国公司计算外派补助金额的，要知道，搬去一个新城市生活是一件或喜或悲的事情。对此，《经济学人》的建议是，外派去80分以上的城市，不需要给予额外的津贴；70~80分的，可以给予额外的5%的工资；而对于去50分或以下地区的国际化流动人才，应该给予额外的20%的工资作为补助。这个排行榜中所有的评分项都聚焦在外来人口的需求上。它的五大评分板块及相应分数占比依次是：稳定性，25%，包括来自犯罪和恐怖活动的威胁等因素；医疗水平，20%；文化与环境水平，25%；教育水平，10%；基础建设水平，20%。这些板块并没有涉及生活成本，也许是因为国际化人才并不在意这一点，他们的工资应付生计已是绰绰有余。

因此，这个排行榜实际上是将各个城市的吸引力排名展示给那些跨国公司的员工和要搬到这些城市的人。但这条信息并不至于被写进劲爆的新闻标题或故事中。于是就产生了一种排名是衡量城市中普通老百姓过得开不开心的误解。普通市民可能会骄傲地说"我住在世界上最理想的城市"，却全然不知这个排行榜根本不是给他们看的。可是，这个排名对外来人口来说真的有意义吗？那么审美水平、友善程度和社区意识呢？再来看看那些权重的分配。《经济学人》并没有公布这些比重是如何设定的。谁规定的稳定度就占25%，而基础建设水平就只占20%呢？一个考虑搬到新城市的人，可能更担心自己每天上下班的路况，而并不太在意自己住的高档小区里治安情况。

尽管披着科学的外衣，但这些权重与大学排行榜中使用的权重存在同样的问题。它们太过武断，而且它们通常无法反映出每个评分项的最高分与最低分之间具体有哪些差异。这些城市的得分差距是如此之小，所以，如果把权重的分配稍作改动，很可能维也纳，甚至是汉堡市的各大媒体就要激动得在地上打滚儿，以庆祝自己的城市是世界之最了。那样的话，墨尔本一定会展开严肃的调查并召开应对危机的会议，研究到底是哪里出了错。可这一切只是因为某位不知名的排行榜编辑者对权重分配的微小调整。

冷指标与热指标

西奥多·罗斯福（Theodore Roosevelt）曾经说过："比较是偷走快乐的贼。"这个说法与最近一个心理学研究结果不谋而合：当我们将自己与他人做比较的时候，发现自己比别人差而产生的痛苦，远超过发现自己比别人好而获得的快乐。在大概率上，我们通过比较而失去的，比得到的要更多。那些研究水平优异，而所在大学却排名垫底的人，难免会觉得灰心丧气，而且较低的排名可能代表着他们招收不到潜心做研究的学生，因此就会形成一个恶性循环。城市本身不一定会使人们感到痛苦或者喜悦，但是不可否认，排行榜对城市的影响，已经远远超过其设计方案的初衷。那么究竟是否值得去量化城市生活的品质呢？也就是说，我们能否既达到测量目的，又避免直接将城市与城市做比较呢？

人们很难理解那些冰冷的计量数据，例如，某个反映"地方工业排放至空气中的化学物质毒性"的指标，或者说用来计算收入分配公平程度的基尼系数。尤其是当这些数据又被一个权重分配不清晰的公式合并成了一些类似于前文97.5或97.4的数值的时候。如果说，除了奖励外来人口，测量生活品质还有任何作用的话，那当然是鼓励人们尽可能地提高自己生活环境的质量。这时候就需要使用一些所谓的热指标——单个的测量值（而非那种将多个测量值合并后形成的分数），它们既容易理解又富有吸引力，很容易引起人们的共鸣。如果是听起来有点稀奇古怪的指标就更好了，因为那样更容易吸引人们的关注,甚至能登上头版头条。

在2005年,澳大利亚的菲利普港(凑巧也在墨尔本地区的一个自治市)希望建立一个更热情、友好的社区环境。有人就提议,可以测量"每小时微笑数"这个指标。这个提议得到了重视。志愿者们被指派到不同的街道,脸上带着最放松、最自然的表情来和路人对视,就这样,在15分钟内,记录别人对自己微笑的次数。这些收集到的数据显示了哪些社区的人最常微笑,而哪些社区的人大多表情冷漠。时任市长珍妮特·波利索(Janet Bolitho)认为,微笑可以让人们感觉更亲近、更安全,从而减少对犯罪威胁的惧怕。那么这个方案成功了吗?根据一份报道,在18个月之内,菲利普港市民对他人微笑的比例从8%增长到了10%。这个增长值也许依然存在一些不可避免的测量误差,但与此活动相关的坊间传闻大部分都是正面的。此外,参与收集数据的过程也让人们感受到了提升自己的动力。在菲利普港,那些被称作"微笑间谍"的志愿者,显然已经成为让城市更加友善的催化剂。

人们还用过许多别的热门指标。美国西雅图曾经计算过素食餐厅与麦当劳餐厅的数量比,园艺中心售卖出的鸟食与杀虫剂之间的比例,还有许多其他类似的指标。这些都是为了评估西雅图是否正朝着可持续性的方向发展。在英国赫特福德郡,人们计算过安静程度适合聊天的街道数量;而在科尔切斯特镇,人们会定期记录锹形虫的数量。当然,例如二氧化碳排放量这类技术含量更高的数值(即所谓的冷指标),亦发挥着重要作用,它们使科学家们能够提醒我们哪些问题亟待解决。不过,似乎并没有必要把这些指标与其他数值进行合并以求得一个综合分，因为那样可能会掩盖值得关注的个别因素。

那么，这种沉迷于将各种不同的指标合并成综合分数，进而去给城市、学校、国家等进行排名的情况，为什么会出现呢？主要原因与人们对身份地位的痴迷有关。美国著名神经科学家迈克尔·葛詹尼加（Michael Gazzaniga）曾提出："每天早晨醒来时，你不会去思考三角形、正方形等这些被心理学家用了100多年的技巧。你思考的是地位，你思考的是相较同辈，你混得怎么样。"另一位加州学者，心理学家卡梅伦·安德森（Cameron Anderson），在与他的两位博士生共同完成的研究中指出，对地位的渴望是人类的一种基本动机——每个人都执着于此，且并不自知。他们甚至发现，一个人对自己身份地位的看法，能够影响他们的身体健康和心理健康水平，而排行榜刚好满足了他们想要与自己相关的事物建立相应等级的需求。

当然，这种被排行榜催生出的竞争性，有时候可以成为机构和国家不断发展提高的有效动力。但前提条件是，这些排行榜必须是准确的，它们测量的指标是有意义的，而且名次的高低之分是有据可依的。可现状却是，它们大多达不到任何一个标准。更糟糕的是，有一种动力会让人们只关注如何提高自己在榜单中的名次，而不惜舍弃了自己"真正"的目标和意义。在英格兰，被学校取消学籍并送去特殊学校的小学生数量，在2011~2018年翻了一番。其原因是，学校校长希望减少本校问题学生的数量，因为他们的存在可能会导致学校排名下降。

所以苹果和橙子孰优孰劣呢？那橙子和梨呢？如果你真想知道答案，我可以制作一个排行榜来告诉你。

第二章 PART 2

代理指标的表象与实质

对于使用代理指标的间接测量来说,最大的危险在于代理指标与本该用它指代的东西之间可能并不存在任何关联性。

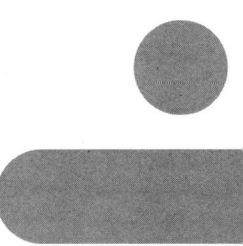

自恋、无聊与吸引力

优秀的公司高管是不是都很自恋呢？如果是的话，这对他们公司的经营又有什么影响呢？两位来自美国宾州州立大学的研究者，阿瑞吉特·查特吉（Arijit Chatterjee）和唐纳德·汉姆布瑞克（Donald Hambrick）提出了这两个疑问。对一般人来说，"自恋症"这个词通常被当作一种病症，表现为一个人极度的孤芳自赏。要知道，在某些版本的希腊神话中，那喀索斯（Narcissus）因为沉溺于欣赏自己在池塘中俊美的倒影，久久不愿离去，最终憔悴而亡。如今，心理学家们认为自恋是一种性格品质，程度或轻或重。它可以包含很多特征，例如剥削欲、特权感、渴望时刻成为焦点、傲慢，以及优越感。查特吉和汉姆布瑞克提出了一个假设，高管越自恋，其公司的经营状况往往越容易发生动荡。他们提出，具有自恋品质的管理者通常偏爱引人注目的大动作，这也许可以带来惊人的胜利，但也可能导致灾难性的损失。

可是，要如何去量化一个公司高管的自恋症程度呢？没有哪个高管会浪费自己的时间，跑去参加什么心理量表测试，然后等着被告知："依据测试结果，你属于极度自恋的那一种。"你也不能跑去问人家的员工有关自己老板的情况，基于企业文化制度，就算问了你也得不到什么可靠的信息。于是，这两位研究者选择依据一些其他的指标。例如，公司年报中高管的照片大小有多显眼；高管在媒体报道中的热度；还有他们在采访中使用第一人称单数"我"的频率。通过对计算机软件和硬件行业这个有限范围的调查，人们确实发现了那些得分较高的高管更容易让公司参与大型并购，因而增加了他们公司的经营状况在两种极端摇摆的可能性。当然，这样的研究有赖于所选择指标的可靠性，它是否能真实反映出所谓的管理者自恋症。如我们即将看到的，这种采用代理指标的间接测量方法，无法保证其结果一定能代表"事实"。

用代理指标测量自恋症一定会是弗朗西斯·高尔顿（Francis Galton）莫大的乐趣。这位英国科学家相信："人性中不存在不确定的东西。任何事情都可以被测量。"高尔顿是查尔斯·达尔文（Charles Darwin）的表弟，同时也是一位狂热的数字爱好者，他不放过任何一个可以把事物量化的机会。他曾经数过自己的一幅肖像需要画多少笔；1888年，他在法国维希镇度假的时候，还悄悄记录了行人们通过某条街道上相隔7.25码（约6.63米）的两个位置都需要多长时间。他有相当一部分成就，是在他的发明之一——计数手套的协助之下完成的。这个手套里藏着一块小垫板和可以戳破垫板的大头针，这样他就可以随时随地秘密地记录下他所观察的一切。例如，英国不同地区女性的相对颜值，还有欧洲不同城市居民的撒谎倾向，这些都是靠高尔顿神秘的计数手套来评估的。

不过，最令人印象深刻的，应该是高尔顿对代理指标的测量和应用。他推断称，会议的无聊程度可以通过记录参会者每分钟表现出烦躁的次数之和来测量。而当他测试自己这个推论的时候，他意识到看着手表计时可能会影响观察结果，于是，他不得不通过数自己的呼吸次数来估算一分钟的长度（最后他确定了自己每分钟可以呼吸整15次）。对于这个方法，高尔顿承认它有一定的局限性："这种方法的观察对象应该限制在中年人群之中。因为儿童很难乖乖坐着，而年长些的人们有时会保持几分钟一动不动。"

接着，高尔顿计划这样测量一个人对另一个人的吸引程度。他设想，可以在餐厅客人座位的椅子腿下面偷偷地放置承压垫，另一端连接上压力计。他推断，当一个人被另一个人吸引时，身体会不自觉地向那个人倾斜，进而引起压力计的读数变化，在他们不知情的情况下，揭示出他们的真情实感（高尔顿的这个方法似乎并没有考虑到那些听力不好的人）。高尔顿对于用物理数值反映心理状况的理念十分感兴趣。作为一个头围较大的人，他坚信头骨尺寸是智力水平的一个准确指标。他还曾花大量时间，探索面部尺寸与犯罪之间的关联，可惜研究以失败告终。

在数字信息大行其道的今天，这种间接的代理指标测量法被广泛应用于各种无法直接测算的社会现象。同时，在那种人们可能会为了给别人留个好印象而有所隐瞒，或因为被监控而改变自己行为的情况之下，代理指标测量提供了一种相对来说更隐匿的数据收集方法。在公司里，缺勤率和员工流动率可以被用作测量工作满意度的代理指标。由卫星拍摄的夜间城市灯光情况，一直被用来评估不同国家的经济活动水平。在英国，获得免费校餐的学生人数，被用作测量不同地区的教育优劣程度的代理指标。同样，在社交媒体上，人们用获得的点赞数和好友数来评判自己的受欢迎程度。就连政府出台的政策，以及大众对其的满意度，都可以依靠代理指标间接测量。可是，在何种情况下代理指标测量可以解答我们的疑惑，在何种情况下又会严重地误导我们呢？

虚假的相关性

对于使用代理指标的间接测量来说，最大的危险在于代理指标与本该用它指代的东西之间可能并不存在任何关联性。高尔顿用头骨尺寸去衡量智力水平就是一个经典案例。当然，老天对他是公平的，之后他还探索了一些其他的方法，例如，使用一个依靠钟摆工作的设备产生不同的声音和光线，然后根据人们对声音和光线的反应速度来测量智力的高低。后来的一些研究确实发现了反应时间与一些别的测量头脑敏锐程度的指标之间存在些许的相关性。可即便如此，这个发现同样暴露出了代理指标测量的弊端——如果我们使用这些代理指标是因为我们无法测量那个我们感兴趣的现象本身，那么我们又如何知道这些代理指标是否合理、有效呢？到头来，为了证实它们的有效性，我们还得研究它们是否与其他的代理指标相关，而这又是一件无法实现的事。

使用与我们实际想测量的东西不相关的代理指标是危险的，尤其是在我们寻找实际上不存在的相关性时。当我们相信两个东西是相关的，然而却找不到证据去证明这种相关性时，我们可能会在错误的道路上越走越远。比如，我们可能相信接种疫苗与儿童自闭症有关联，或者相信高压电线可以诱发癌症。于是我们就会去回想那些可以印证这些信念的情况，却忘记了在很多情况下这些想法都是不成立的。我们把目光聚焦在那几个在接种疫苗之后被发现患有自闭症的孩子，但我们不会去注意那些已经被确诊为自闭症但未接种过疫苗的孩子，更不用说成千上万个打过疫苗且没有自闭症的孩子了。同样，我们可能知道了某个患癌症的人就住在高压线附近，却忽略了更广泛的视角——这两件事情其实并无关联。假如一个国家用移民数量作为衡量恐怖袭击风险的代理指标——就像把公司总裁的薪酬当作衡量他们领导能力的代理指标，那么虚假的相关性所导致的影响就会波及更大的范围，造成巨大的伤害。话说回来，总裁薪酬倒也并非毫无参考作用。有研究发现，在考虑了其他因素后，总裁的薪酬可以作为他们高尔夫差点指数[①]的一个可靠的代理指标。

在一些情况下，代理指标测量可能会把我们带上歧路。一个学者发表的论文被他人引用的次数通常会被拿来衡量一个虚无缥缈的概念：作者的研究质量。其实不然。几年前有一篇研究报告，它的结论是某种备受推崇的预测方法其实还不如某些更简便的方法准确。这篇论文被引用的次数极高，但不是因为它的质量高，而是因为它的内容有误。其他研究者认为有必要驳斥那篇论文中的错误结论，因此才会

---

① 衡量高尔夫球员在标准难度球场打球时潜在打球能力的指数，是一个国际通用的技术标准。

在自己文章的开篇提到那篇论文。

像这种具有误导性的指标还会出现在另一种情况中：代理指标和它本应该指代的东西，在达到某个点之前都是正相关的，但一旦过了这个点，它们就开始背道而驰甚至不再具有相关性。数学家们把这种情况称为非线性关系。举个例子，如果我们把一个人在某任务上的用时作为他们工作质量的代理指标，那我们会发现在到达某个工作时长之前，用时越久工作质量就越高；但是一旦超过某个时长，疲劳和沮丧情绪袭来，工作的质量就会走低。再比如，某种鸟类可觅食范围的面积可以作为这种鸟本地数量的代理指标，前提是，面积这个因素是限制鸟类数量的唯一或最主要的因素。因为一旦超过某个面积，其他限制因素可能就要纳入考量，例如，有没有合适的繁殖栖息地。

或许，使用代理指标测量最容易出现的问题就是，它们只能粗略地反映出被测量对象的部分特征。也就是说，它们把那些最容易被量化的部分如实地反映出来，却忽略了其他重要的特点。使用考试通过率来衡量教师的教学质量，就没有将学生的学习能力考虑进去，也没有考虑到其实教学并不单纯是为了让人通过考试。教育是为了开发孩子的能力，以增进他们对世界的理解，并且帮助他们成为一名合格的公民。此外那些声称美国在20世纪80年代有超过2000万人挨饿的报道，是基于未领到食品券但符合申领资格的人数估算出来的（在美国，食品券通过联邦计划发放，为低收入家庭提供基本食品保障）。可是后来有研究发现，许多没有去申领食品券的人，是那些虽然人均收入不高但拥有大量资产的农场主——他们一般都拥有价值超过

50万美元①的农场——而且他们大多可以做到自给自足。现在再想一想，没有使用食品券的这个事实并不能说明他们食不果腹。

初心正在泯灭

英国中部地区的斯塔福德镇（Stafford）是一个极少被媒体关注的地方。它的"高光时刻"还得追溯到1593年——《垂钓名手》（The Compleat Angler）一书的作者艾萨克·沃尔顿（Izaak Walton）在那里诞生。然而在2009年，该地区的一家医院爆发了一桩丑闻。接着，各种可怕的故事流传开来：口渴难耐的病人只能靠喝花瓶里的水解渴；好几个病人在看护人员的眼皮底下发生了严重的摔伤；病人因受到医护人员的侮辱而抽泣的情况屡见不鲜；病人家属不得不自己把脏兮兮的床单带回家清洗，自行清理扔在公共空间的脏绷带、纱布，还得给公厕马桶消毒。有媒体估计，在2005~2009年，最多的时候一年有1200位病人死于护理不当。

然而，这是一家宽敞、明亮、现代化的医院，绿地和田园景观也十分宜人。医院于1983年开始运营，如今已达到了基金会医院（foundation hospital）中精英这一级别，而且在财务状况和候诊时间等考核指标上全部达标。谁承想，上述种种问题便是由此引发的。根据前皇家外科医学院院长诺曼·威廉姆斯（Norman Williams）的说

---

① 约合人民币365万元。

法，医院的管理者和员工都太注重于完成考核指标，而"忘记了自己做此工作的初衷"。量化指标在激励员工和提高效率方面的确很有用，在英国医疗健康系统的一些实践中也可能有着不错的效果。可是，就像发生于斯塔福德镇这个令人震惊的故事一样，当某些量化指标成为评判一个机构发展方向的最佳标准，当代理指标的数值成为任务目标，问题便接踵而至，悲剧也由此发生。

以英国经济学家查尔斯·古德哈特（Charles Goodhart）名字命名的古德哈特定律（Goodhart's Law）指出："当某项指标变成了一个目标的时候，它就不再是个好指标了。"把一个代理指标的数值定为目标后，做事的初衷和本心便开始泯灭，因为人们往往会开始钻这个指标的空子。在斯塔福德镇的这家医院，工作效率和护理质量的代理指标成为众人追求的目标，进而在管理者削减支出和压缩病人护理时间的做法下，医院的看护水平最终变得糟糕至极。在学术研究中，如果学者的研究水平是依靠他们发表的论文数量来评估的话，他们可能会更多地追求数量而不是质量，进而写出大量内容平庸的文章；而不是花费几年时间打磨出一篇杰出的作品。由于采用的是代理指标，质量这一目标的重要性被削弱了，所以这个代理指标不再能够有效地代表研究质量。同样，当汽车制造商必须公开自己车辆的油耗和尾气排放的实验室数据时，他们可能会想玩点花样。比如，他们可以特意在测试前换上低滚动阻力轮胎，移除不必要的设备以减轻车身重量，还可以拆掉侧翼后视镜，并用胶带密封车辆表面的缝隙以改善空气动力学性能。一项研究估计，2014年生产的汽车，其油耗的实验室数据和实际数据之间的误差值超过了50%。还有一些极端的例子，比如2015年曝光的大众汽车废气排放丑闻，涉事主体甚至可以开发出一个软件，以便在汽车感知到进行实验室测试的时候，让发动机自行改变性能。这样一来，测试的结果几乎无法代表车辆在真实道路中行驶时可能造成的污染程度。

在人们努力提高代理指标测量结果的路上，古德哈特定律并不是唯一的阻碍。如果一个代理指标被用来同时指代多个目标时，我们就会无法分辨这些目标之间的主次，也无法在这些目标中做出取舍。举个例子，假设一个求职者的考试成绩是他被录用后能否胜任这份工作的代理指标。那么在这个例子中，我们会选择考试成绩最高的那位求职者。但实际上，能否胜任工作还会受到其他特质的影响，而这些特质不一定与考试分数有关，如创造力、团队协作能力、可靠度。由于只依赖一个单独的代理指标，我们便难以权衡求职者的优缺点。同样道理，如果我们现在要打造一个依山而建的自然保护区，我们会设定实现生物多样性、保护濒危物种、减少水土流失、打造具有观赏性的风景等目标。这时候，我们很容易就会选择用森林覆盖面积作为判断我们是否完成这些目标的一个代理指标。然而，这样做无法反映那些不在树林中栖息的物种的需求。而且，虽然那些生长迅速的松柏类树木可以更快地提升森林覆盖率、固化土壤，但它们却不能像生长得慢一些的落叶混交林那样，提供丰富的物种多样性。如果一味地聚焦在提升森林覆盖面积上，我们就无法在最初想要达成的各种目标之中分出轻重缓急。

你不知道的GDP

几个月前,我遇到一件事:在小胡同里为了给另一辆车让路,我把车蹭在了墙上。为了修好车上的剐痕和撞坏了的后视镜,我花了一大笔钱。不过,这笔维修费也算我给GDP(国内生产总值)做的贡献。

如今,大多数政府都对GDP及其增长率十分痴迷。小于1%的年增长率代表了经济疲软和政局不稳定;若连续两个季度增长率都为负,恐怕就要经历经济衰退的痛苦了。2019年以前的几年,中国的GDP年增长率通常都会超过6%,然而在英国,财政大臣在2018年将他对2020年的增长预期由1.3%提高到了1.4%,这就足以让人深感欣慰了。不过在2013年的时候,英国的GDP确实出现过一次100亿英镑①的激增,这是因为当时"黄赌毒"等某些交易第一次被纳入了计算范畴。由于欧盟的每个国家都需要按相同的标准来计算自己的GDP,以评估自己对欧盟总预算的贡献,而在个别国家,"黄赌毒"交易并不完全违法,只是有一些具体的法律规定和限制,所以被要求将其纳入计算范畴。尼日利亚更厉害:其2014年的GDP陡然上升了90%,这是由于信息技术、音乐、线上销售和电影制作等行业的经济活动自那年后都被纳入统计。一眨眼,尼日利亚就成为非洲最大的经济体。希腊政府在推动GDP上升方面则更有"创意",因为几十年间

---

① 约合人民币900亿元。

他们一直在虚报数字。2006年，他们的小动作终于引起了人们的怀疑，因为他们公布的GDP比先前预测的数字高了25%之多。值得注意的是，人们讨论更多的是GDP而不是人均GDP。根据GDP来看，日本的经济从20世纪90年代就开始停滞了，实际上日本的人口也在持续缩减中，这使得其人均GDP在2017年达到了历史最高值。

GDP被用来衡量国家的经济运行情况，美国经济学家保罗·萨缪尔森曾称其为20世纪人类最伟大的发明之一。虽然不同国家的计算方法不尽相同，但大致上不外乎是计算全年一共花掉了多少钱，或一共挣了多少钱。由于有通货膨胀，这些数字还得经过调整，使最后的计算结果能反映出"实质"的经济情况。显然，收集如此大规模的数据是十分困难的。像英国和美国这样的国家会采用许多数据来源，包括对企业和贸易机构进行调查，还包括派出人员对抽样调查的零售商户进行实地走访，拿着小本子去记录商品价格。

在1930年经济大萧条时期，各国政府意识到他们需要计算出自己的经济体量以制定和推行相应的经济政策。据说当时第一位尝试做这种统计的人是西蒙·库兹涅茨（Simon Kuznets），一位来自俄罗斯的移民，之后他也因此获得了诺贝尔经济学奖。他在1934年为罗斯福（Roosevelt）政府编写了一份报告，当中指出美国的经济规模在1929~1932年缩减了一半。这给了罗斯福足够的依据去推行他的"新政"政策，由政府引导，将资金直接投资在重大项目上，以对抗美国经济的停滞。但很快就出现了关于GDP应该如何计算的争议：它究竟是应该粗暴地计入所有产出，哪怕当中包括武器装备或其他能

"对社会造成伤害"的内容；还是应该只包含对人类福祉有贡献的那些经济内容呢？

在类似英国和美国这样的国家，GDP的现代计算方式采用了前者，正如将某些"黄赌毒"交易也纳入计算范畴一样。这种方法对事情的是非对错不予评论，对于污染环境的产业与环保产业采用相同的评价基准，一辆价值2.5万英镑[①]的纯电动汽车对GDP的贡献，与一辆标价一样但排放一氧化二氮的柴油车是相等的。不得不承认，如果造成污染的车辆带动了与之竞争的清洁能源车辆的生产，那它其实是有助于GDP增长的。在超市里，一边的货架上卖着那些人们吃了会增加腰围的食品，而另一边的货架上就摆放着帮助人们瘦身的产品，这样一来，GDP和超市都赚取了双份收益。

不过到了21世纪，人们渐渐发现，哪怕算上那些"不道德"的产出，GDP也正在变成一个越来越不准确的代理指标。现在，人们经常利用类似谷歌、Facebook和维基百科等免费的数字服务。人们用它们去规划假期，下载食谱，与世界各地的朋友们畅聊，还能获取知识。在多年前，做这些事情都是要花钱的，可现在它们都变免费了，于是就不会被计入GDP里面了。能够享用这些免费服务无疑大大提升了生活质量，但是GDP却无视了它们。

伴随着这些数字化服务而来的，是电子产品质量的极大提升。在20世纪90年代初我买第一台电脑的时候，有个朋友跟我说，40MB

---

① 约合人民币22.5万元。

内存的硬盘永远也用不完,在那时,这个内存量简直是个天文数字。现在,只需要花那台电脑一半的价格,我就能买到一个硬盘内存为1T的电脑,这内存容量是我旧电脑的约2.6万倍,外加其他许多大大优化的功能。如此一来,即便把通货膨胀也纳入考量,当今消费者在电脑上花1000英镑①能获得的效益,比20年前同等价格下获得的效益要多得多。核算GDP数据的统计学家试图用一种被称为"享乐主义定价"(hedonic pricing)的方法来说明这种情况。这个名称来源于希腊语中"hedone"一词,意为"乐趣"。可即便这样,想推算出如今花掉1英镑②使人们的生活质量比过去提高多少,着实是很困难的一件事。

当然,近年一些商品和服务的质量不升反降。如果你正在英国又热又挤的地铁上努力地想要透口气,这时候有人告诉你,地铁每节车厢的乘客数量翻倍会使这一趟行程对GDP的贡献也翻倍,你可能会想要翻个白眼吧。而且,当统计学家无法直接测量一项服务所带来的利弊,他们会退而去计算为这项服务所投入的成本。可是高成本投入并不能保证高质量输出。美国的人均医疗保健花销几乎是其他高收入水平国家,如英国、法国、德国和澳大利亚等的两倍。然而美国人口的预期寿命更低、婴儿死亡率更高。

在许多国家,21世纪的另一大特点表现为消费者选择的爆炸式

---

① 约合人民币9000元。

② 约合人民币9元。

增长。1982年以前，英国只有3个主要的电视频道，可现在英国有将近600个电视频道，还有像网飞、亚马逊和YouTube这些在线视频平台。1970年，在美国市面上能买到160种早餐燕麦；到2012年，这个数字变成了4945。在相同的时间里，市面上的汽车款式数量从140增加到了684。与此形成对比的是亨利·福特（Henry Ford）有一句名言[①]："任何一位客人都能拥有一辆自己心仪颜色的车，只要它是黑色的。"后来，就出现了定制化——人们可以按照自己独特的需求去定制产品。家具公司提供各种不同组合的布料、支脚、组件、配件。笔记本电脑可以选择不同的随机存储器（RAM）容量、中央处理器、显示器、硬盘大小，还有外饰。有些经济学家甚至还指出，这些增加的选项和种类本身对于消费者来说就是一种效益，虽然GDP也无视了它。

总的来说，GDP还是更适用于当初设想时的工业世界——在那个大规模生产无差别产品的世界里，你可以将工厂和车间的产量直接加在一起。GDP在服务业中并不好用，可服务业却是当今的主要行业，艺术界也不例外。理论上讲，一部以正常速度表演的莎士比亚戏剧的价值，比不上一部以倍速表演的莎士比亚戏剧的价值；四件粗制滥造的亨利·摩尔（Henry Moore）雕塑品，对于GDP的贡献一定会是一件精品的四倍。这些例子看起来都不太适合成为经济平稳运行

---

① 福特自己曾写道，这是自己在一次会议上的发言，但坊间还是对他是否说过这句话存有争议。

的代理指标，尤其是在一个深陷环境危机的世界中。为了追逐当季的时尚潮流，或为了那些购入后闲置率很高的东西，今天的我们开采了很多珍稀资源。这些都可以计入今年的GDP，可是那些资源对于我们的后代来说却永远地消失了，严重损害了他们的福祉。2014年，美国国家航空航天局（NASA）的卫星拍摄到，曾经的世界第四大湖泊——咸海已经几乎干涸了。其主要原因就是棉花种植者大量的用水需求让湖泊不堪重负：种植一件T恤衫所含的棉花需要消耗近2700升水，这些生产出的棉花大多是用作出口的。然而，仅在2016年，英国家庭就扔掉了约30万吨的衣服，其中许多都才只穿过一两次。可是无论乌兹别克斯坦还是英国，它们的GDP都将从这类灾难性的贸易中获益。

那么，对GDP应该作何裁决呢？尽管西蒙·库兹涅茨的早期研究十分出色，后续人们也对GDP的核算进行过详细的探讨，但这个指标却依然无法成为一个现代化国家经济运行情况的最佳代理指标。而这正是风险之源。

所有的这些说明了三点。第一，GDP的计算方式急需一次大检修，以跟上21世纪的步伐。第二，我们需要从多角度、以多种衡量标准去看待经济的运行状况，而不能只依靠一个数字。第三，政客和广大媒体都需要摒弃他们的不合理信念——GDP或任何其他指标都无法绝对科学、准确地反映出一个经济体的运行状况。我们需要指出它的局限性并且牢记在心，在听到新闻报道说GDP增长预期又下调了0.1%时，要提醒自己它不一定是准确的。

犯罪伤害值

2018年秋天，各大报纸和电视台都在播报一则标题令人紧张的新闻：英国铁路上的犯罪率在短短一年内飙升了17%。很长一段时间内，不论在铁路还是其他地方，犯罪率都在持续下降，因此这次的情况显得尤为严峻。你不禁会想，为什么犯罪团伙会突然把注意力转向铁路，并在那里犯罪。几分钟内，你脑中会闪过各种假设猜测，数量之多令人咋舌：也许是因为列车上的巡视人员变少了；也许是因为检票闸口最近总是出故障，让小偷能够轻松混上车实施盗窃并全身而退；又或许是列车太过拥挤，还频繁延误和取消，使得很多原本遵纪守法的市民在无奈之下触碰了法律的底线。

虽然这些头条很对得起新闻记者的辛勤工作，但如果你仔细研究里面的数字会发现，事情并没有那么可怕。当然，我们无意淡化受害者所承受的伤痛，也认可犯罪事件再怎么提防也不为过。不过，正如高级警官很快站出来声明的那样，根据统计数据，在列车上遇到任何种类的犯罪的概率其实极低：在2017~2018年，每百万趟行程中只有19次犯罪记录。报道中17%的增长代表了，在每百万趟乘客搭乘的行程中，犯罪记录次数只增加了不到4次。而且，10年前每百万趟行程中的犯罪记录约30次——跟那时相比，现在每趟日常行程中发生犯罪的概率其实降低了近26%。

于是我们就要讨论一下犯罪事件是如何被统计成数据的——只有被报到警察那里的犯罪事件才会被记录。一个叫"我也是"（Me

Too）的网络话题很可能鼓励了更多在列车上遭受性骚扰的人主动举报罪犯。为了推动这项活动以及揭露其他犯罪行为，铁路公安为乘客推出了保密短信服务。他们怀疑许多过去不为人知的犯罪行为现在都被公之于众了。

尽管这些努力让更多的犯罪行为被揭露了出来，但这些数据记录仍然有一个十分明显的缺陷。比如杀人犯很明显比从商店里顺走面包的小偷要危险得多，可如果只是简单地将它们计作两起案件，它们在严重程度上的差别就被掩盖了。比起简单的数量统计，反映犯罪造成的伤害程度的数据可以更好地帮助我们了解犯罪问题。而且对于资金紧张的警察队伍来说，这也可以帮助他们把资源集中在伤害最大的那些犯罪上。可是我们要如何衡量犯罪造成的伤害呢？毕竟，有些受害者更容易从犯罪造成的痛苦中走出来。比如遭到入室盗窃的受害人同时还受到了罪犯的暴力威胁，这种打击比起那些外出时家中被盗的人，应该要严重得多。再比如，像情感伤害、非法倾倒或买卖濒危物种等对环境的伤害，它们之间的差别又该如何做比较呢？

多年来，犯罪学家都试图解决这个问题。其中一个方法是对公众进行调查，让他们根据描述，给不同犯罪行为的严重程度打分。一项在20世纪80年代中期进行的调查发现，当采用这种方式时，人们给恶性犯罪打出的分数约是轻微罪行的300倍，然而这项结论却从未被相关部门在制定行动决策时纳入考量。其他研究者曾尝试去调查受害者的看法，不过由于严重的犯罪很少见，参与调查的样本数量太少，研究并未得出足够可信的结论。

最新的研究方法中使用了一种伤害程度的代理指标——不同犯罪行为的刑期长度（或社会服务天数）。如果涉及罚款，那么就会依据最低工资标准折算成与罚款金额相当的监禁时长。剑桥大学的犯罪学家劳伦斯·W.谢尔曼（Lawrence W. Sherman）领衔开发的剑桥犯罪危害指数，代表了在不同的罪行之下，初次犯罪且不存在加减刑情况的犯人会获得的最低量刑。指数采用的是在英格兰和威尔士量刑委员会颁布的指南中列出的判决标准。该指数的优点在于它使用方便、成本较低、数据透明，而且基本可以反映出现今社会人们对不同犯罪的恶劣程度的看法。例如，殴打他人并致人受伤的最少可以监禁19天（虽然现实中此类案件的平均判罚结果是184天）。准备实施可危及多人性命的恐怖活动但仍处在早期计划阶段的，量刑起点是15年监禁。

这样一来，犯罪行为导致的总伤害程度就可以用量刑时长的总和来估计——当然，这里用的量刑时长是法院对所实施的犯罪行为判处最低量刑时的时长，并不是该犯罪行为的真实量刑结果[①]。当这个指数被用在测量英国的犯罪情况时，它显示出：2003~2013年，虽然犯罪数量下降了37%，但犯罪的总伤害程度只下降了21%。

不过，为什么选择用犯人的最低量刑作为衡量他们伤害程度的代理指标呢？原因之一是真实的量刑中有很多与伤害程度无关的因素。举个例子，在英格兰和威尔士，罪犯若在"第一个合理时机"认罪即

---

① 这里注意，那些在警方的主动侦查行动中发现的暂未报告的犯罪不计入该指数，例如毒品搜查或警察在监控道路期间逮捕驾车者。这类犯罪反映的是警方的行动力度，且犯罪的发生随警方行动强度的变化而变化。

可减刑三分之一。相比之下，惯犯通常会受到更重的判罚———一项针对20世纪80年代美国中部入室抢劫人员的研究发现，他们中有三分之二的人至少每周要行窃一次。但是第一次入室盗窃的小偷所能造成的伤害，一般来讲，跟经验丰富的惯犯是一样严重的。不仅如此，还有一些量刑很重的判罚，其实是出于对公众的保护，使人们远离暴徒的威胁，或是为了起到威慑罪犯的作用，这种量刑并未能完全对应某项罪行造成的伤害程度。还有一个问题是有些法官可能会因为短期内新闻媒体针对某些罪行的舆论压力而给出更重的量刑。一项以色列的研究甚至还发现，法官们在吃过午饭后往往会对案件从宽处理。

虽然如此，在真实的量刑中，还是会对罪行造成的伤害进行考量的，如犯人给受害者的身体和精神造成了长期伤害的情况。剑桥犯罪危害指数的开发者们解释道，考虑到收集每宗犯罪的量刑数据会导致成本过高，故省略了某些特定的案件。但有人给出了其他方案。英国国家统计局开发了一个犯罪严重程度评分，它使用的是每一类罪行中犯人真实量刑的平均数，而不是最低量刑。马特·阿什比（Matt Ashby）曾经是一名警察，现在是英国诺丁汉特伦特大学的犯罪学讲师。他做了一项分析，发现这种评分方法所体现出的英格兰和威尔士地区的犯罪危害程度，与前一种指标所体现的有很大不同。比如，根据剑桥指数得出，2015～2016年度所有犯罪造成的总伤害值中，家庭入室盗窃只占2%；但当使用犯罪严重程度评分时，这一占比变成了16%。相比之下，用剑桥指数计算出的强奸案件的伤害值，在总伤害值中占比超过36%；然而在严重程度评分的计算中只占20%。像这样的差异很可能会让相关部门在不得不决定如何分配有限资源的时候左右为难。同样的，当政府部门必须决定如何给不同地区的警察队伍分配中央资金时，也会陷入两难之境。如果他们希望将资金最大限度地分配至最需要的地区，那么这两种方法可能就会给出完全不同的指示。举个例子，阿什比在分析中发现，2015~2016年，英格兰西米德兰兹地区在剑桥指数中的人均总伤害排名表上位列第三，但如果用严重程度评分去算的话，它只能排在第17名。在英格兰克利夫兰，一个指数估算出的人均总伤害值比另一个指数估算的高50%。

尝试对犯罪造成的伤害进行衡量，可能比简单粗暴地统计犯罪数量更能说明犯罪的影响。但它们也同样显示了代理指标的一些局限性。我们永远无法知道犯罪分子造成的真实伤害到底有多少。哪怕每位受害者都能对自己所经历的伤害做出准确详细的评估，难道我们就真的可以将遭受暴力的受害人的精神创伤、诈骗受害者的经济损失以及在景区乱扔垃圾给当地造成的影响——量化并加在一起吗？这说明代理指标的可信度永远无法用现实来进行检验。而剑桥指数和犯罪严重程度评分之间的差异也表明了，试图从不同的角度去看待这个由代理指标衡量的虚幻的现实，会让我们对这个世界的理解摇摆不定。

对代理指标的最后一声嗤笑

半个世纪前，大学伦理委员会还没有成立，厌世者可以通过担任实验人员的方式来发泄自己的悲观情绪。他们可以尽情地做一些"扰乱社会"的行为，并将自己的行为解释成纯粹在为科学做贡献。曾有这样一项实验，实验人员在纽约地铁上要求其他乘客把座位让出来给自己坐，而列车上其实有很多空位，但49%的乘客还是乖乖照做了。另外还有实验人员趁酒品专卖店的老板不注意的时候假装去偷啤酒的案例，结果显示，顾客在看到店里有其他目击者的时候，主动报案的概率更低。其他的一些研究包括：说服人们对学习迟钝的学生实施强电击（这里的电击是假的，学生都是演员）；在著名的斯坦福监狱实验中，让实验人员扮演一个残暴的狱警。当中有些实验带有一些真人秀节目《真实镜头》(Candid Camera)的味道，最有代表性的是1968年的一项研究：故意在加州的帕洛阿尔托（Palo Alto）和门洛帕克（Menlo Park）两地的交叉路口处惹怒其他司机。这个实验由来自多伦多大学的安东尼·杜布（Anthony Doob）和威斯康星大学的艾伦·格罗斯（Alan Gross）指导。实验人员，也就是驾驶员，故意在绿灯亮起后慢吞吞地驶出路口。实验的目的是研究后车司机是否会因为前面挡路的车辆是"高档"车而降低疯狂鸣笛的可能性。实验中用的豪华轿车是一辆1966年克莱斯勒帝国皇冠，经过精心保养，外表看起来十分光鲜亮丽。实验人员也衣着得体，穿着修身的格子西装和白衬衫。实验中还有另外两辆"廉价"车——一辆锈迹斑斑的1954年福特旅行轿车和一辆灰色的1961年漫步者轿车，而司机则穿着破旧的卡其色夹克。

在两次由廉价车参与的测试中，后车司机直接撞向了廉价车的后保险杠。实验人员来不及验证后车接下来是否会鸣笛，就赶紧把车开走了。不过，在其余的测试中，84%的驾驶人在廉价车挡路时按了喇叭，但被克莱斯勒挡路的司机中只有50%按了喇叭。研究者对此提出了一个假设：被豪车挡路的驾驶人虽然心有不快，但他们会更加抑制自己的情绪，因为他们推测挡路者开着高级车，必然身份尊贵，惹恼了他们恐怕会让自己吃不了兜着走。即便这些上流人士在这种场合下不一定会动用自己的特权，紧随其后的司机也可能回想起其他"因冒犯权贵而遭到惩罚"的遭遇。

有趣的是，后车司机很明显是将前面实验人员的着装、所开车辆的外观作为判断其社会地位，进而判断其报复能力的代理指标。当然，在这个案例中，车辆的档次和司机讲究的穿着跟实验人员的现状并没有关联，但我们还是会不由自主地去使用这些代理指标。进化论教会人们识别一些代理指标：未来伴侣端正的五官表明其拥有健康的基因；长胡须可能代表着智慧；昆虫身上黄黑相间的条纹预示着危险。有些类似的相关性的确有助于我们准确做出预测。而其他一些则是被我们的选择性记忆强化了的传闻——我们只记得那些碰巧出现的与传闻相符的情况，却很容易忘记在大部分情况下，那些传闻已不攻自破。一辆豪华轿车也许可以作为判断驾驶员的社会地位或是他有没有钱的可靠指标。当然，它也不是绝对准确的，当这个指标出错的时候（比如开车的人是心理学研究者），其结果就会与真实情况相去甚远。

代理指标有时的确不可或缺，因为我们需要知道很多东西的测量结果，但我们又无法直接得到这些结果。就像道格拉斯·W.哈伯德（Douglas W. Hubbard）在他的《数据化决策》（How to Measure Anything）一书中所指出的，度量（measurement）降低了我们对于这个世界的不确定性。苏格兰物理学家开尔文勋爵说得更鞭辟入里，他说有些事情只有经过测量，我们才能理解。但是我们一定要一遍又一遍地提醒自己，代理指标的测量值并非指明了完整的事实，甚至有时候与事实大相径庭。

然而有些机构却希望我们不清醒才好呢。我们知道，很多人都乐意选用环境友好型产品，以此来减少人类对地球的负面影响，甚至愿意为此付出更高的价钱。但是我们要当心，"漂绿"行为——公司使用虚假或误导性的描述宣称其产品对环境有益——在大行其道。2007年，有环保营销咨询公司在美国进行了一项调查，发现被调查的1018种消费品中除了其中一种以外，其他所有产品都带有明显的虚假或误导性宣传。"漂绿"行为有很多不同的形式，包括从公然欺骗——某品牌的洗涤剂明明使用了塑料包装，但生产商却宣称包装100%是再生纸——到以森林、野生动物、远山和纯净的湖泊为特色的宣传活动。壳牌石油公司的广告中甚至出现了从炼油厂的烟囱里绽放出花朵而不是滚滚浓烟的画面。

这份美国研究中揭示的最常见的伎俩，就是"避重就轻之罪"（the sin of the hidden trade-off），即突出宣传产品中一两个绿色属性，以期待消费者将其视为整体环境效益的代理指标。举个例子，一家大型国际公司声称其浴室清洁剂由98%的天然成分，如柠檬酸制成。实际上，这个用配着花朵图案的鲜绿色塑料瓶装着的清洁剂中，含量最多的是水——诚然,水是一种天然成分——但当位于加拿大的分析师从产品中去掉水这一成分后,发现剩余成分的四分之一都是石油基化学品。还有一个纸巾品牌宣称其产品含有80%的可回收材料,但对于其在生产过程中消耗了多少水和能源以及造成了多少污染,它却避而不谈。只宣传优点,却隐瞒背后巨大的成本;而同时消费者的良知则得到了宽慰,他们以为自己已经掌握了足够多的信息来做出判断。

本杰明·富兰克林(Benjamin Franklin)曾说过,半真半假多是弥天大谎。无独有偶,诗人阿尔弗雷德·丁尼生(Alfred Lord Tennyson)也说过,半真半假的谎言是最黑暗的谎言。当我们不假思索地依赖代理指标的时候,我们可能会误入迷途,摧毁原本最珍视的东西。

第三章 PART 3

一叶障目,不见泰山

当我们试图用一个单独的数字去捕捉现实时,我们可能会发现,它代表不了任何人或任何事。

"智商"靠谱吗

无论我们多有智慧,吸收和处理大量数字的能力总归是有限的。如果我们可以把事情都简化成一个数字,那生活就会轻松许多。这个想法尤其适用于当我们遇到类似智力这样多维度的概念时。为什么不撇掉那些烦人的复杂性?为什么不把它弄得简洁又好用呢?对于这类疑问,智商测试的历史会告诉你答案。

一开始,智商测试的初心是很美好的。世界上第一个智商测试是由阿尔弗雷德·比奈(Alfred Binet)设计的,他是一位放弃了法律事业转攻心理学的法国心理学家。在20世纪初期,法国政府委任他设计一种方法,用来甄别那些有学习障碍的孩子,进而为他们提供特殊帮助。在西奥多·西蒙(Theodore Simon)的协助下,比奈将评估重点放在记忆力、注意力和问题解决能力上,开发了这个后来被称为比奈-西蒙量表的方法。足足过了一个多世纪,它仍然是现代智商测试方法的基础。但是比奈曾提醒过世人,不要把他的测试当作衡量智力的标准。他认为,智力具有复杂、多面且流动的属性,是无法只用一个数字来衡量的。

然而,比奈的嘱咐被大家抛之脑后,他的发明在其他人的改进、发展和滥用中,很快形成了一个新的生命形式。它就像一只从恐怖电影中逃脱的怪物,迅速给接下来它所关联的人带去了灭顶之灾。而嘉莉·巴克（Carrie Buck）就是其中的一个受害者。

1906年，嘉莉出生在弗吉尼亚州夏洛茨维尔的贫困家庭，在她母亲被关进弗吉尼亚州癫痫病和智力缺陷患者收容所后，她被送到了寄养家庭生活。有报道称，她儿时在学校里表现平平，但在她17岁时，曾被养父的侄子强奸并被迫怀孕。嘉莉的养父母控诉她滥交并且行为失控。在她生下孩子之后，她也跟自己的母亲一样，被送进了那家收容机构。

嘉莉生活在"优生学运动"扩张的年代，这对她无疑是雪上加霜。当时的优生学家认为，被称为低能一类的特质是遗传的，因此，为了提高人类种群的质量，应该阻止具有这些特质的人类诞下后代。在1914年，美国有12个州通过了法案，允许对关押在公立机构的人进行绝育。

这一政策的倡导者哈里·汉密尔顿·劳克林（Harry Hamilton Laughlin），他是纽约冷泉港优生记录办公室的负责人。由于早期的强制绝育法案经历了数次的调整，1924年劳克林提出了一个草案，希望它可以被当作强制绝育法案在全国通行的模板——一个能够经受住司法审查和法律质疑的法案。劳克林声称，如果这项法案可以在各州内施行，那么"我们现有人口中最没有存在价值的那十分之一"的基因，将会在两代人以内被淘汰掉。在弗吉尼亚州，这项法案已经正式通过了，亟须被验证。那时，有18位在弗吉尼亚州收容所关押的病患被选中接受绝育，于是众人决定从中挑出一位病患，以她的名义安排一场诉讼，对强制绝育进行反抗，这样他们就能得到一个测试案例了。那18位病患全都是女性，嘉莉就是其中之一。而她也是那个被选中去弗吉尼亚法院出庭的，1924年巴克诉贝尔案的主角。

那些倡导绝育的人需要证明嘉莉是有智力缺陷的，并且这个症状是遗传而来的。为了确认嘉莉和她的母亲都有智力缺陷，劳克林采用了当时最新的斯坦福-比奈智商测试，并依据测试将二人均判定为"低能"——一个智商低于"愚笨"但是高于"智力缺陷"的类别。一位给嘉莉的女儿做了检查的红十字会员工形容这个孩子"不正常、无精打采、反应迟钝"。这个说法让那些认为智力低下会代代相传的人，可以轻松地给嘉莉贴上"智力缺陷母亲生了一个智力缺陷女儿，智力缺陷女儿自己又生了一个智力缺陷女儿"的标签。

法院的裁定站在了支持绝育的一边，而后的1927年，这项裁定得到了美国最高法院的确认。在此案仅有三页的判决书上总结道："与其等到他们的后代因低能而犯罪获刑，或放任他们因低能而挨饿受冻，这个社会可以阻止那些明显不适合繁衍后代的人延续他们的种群……这种低能传至三代就已经足够了。"嘉莉的命运就这样被"宣判"了。

从那以后，一直到20世纪70年代中期，美国30个州共有大约60000人被执行了强制绝育。这些人中就包括嘉莉的姐姐多丽丝（Doris），她当时被告知要去做阑尾炎手术，直到多年之后，她才知道在自己身上到底发生了什么。嘉莉于1983年去世，她被葬在了她女儿的墓旁，她的女儿只活到了8岁。弗吉尼亚州夏洛茨维尔的一块纪念牌上讲述了嘉莉的故事，上面还写道：据后来的证据证明，她，以及许许多多跟她一样遭遇的人，并没有什么遗传缺陷。

1989年，美国科学促进会将智商测试评为20世纪最重大的科学发现之一，同获此荣誉的还有遗传物质脱氧核糖核酸（DNA）的发现、晶体管的发明和动力推进飞行。当时，智商测试已经在世界各地进行了数十亿次。它们被用来决定孩子最适合接受什么教育、大人最适合从事什么工作。那些在康涅狄格州新伦敦镇招募警察的人，甚至为应聘者设置了智商的上限。在2000年，49岁、本科毕业的罗伯特·乔丹（Robert Jordan）将警察局告上了法庭，因为警察局以他智商125分超过了上限为由，拒绝了他做警察的申请。法院的判决支持了警察局的立场，理由为智商太高的人可能会因为警察的工作太无聊，而在完成了花费不菲的培训之后就辞职。

当然，将人们自己的滥用归责到任何工具身上都是不公平的，现如今大多数人也都会谴责过去历史的惨无人道。而更值得一问的是：智商测试究竟能不能衡量它本来要衡量的东西？比奈的警告是不是合理的？

怀疑论者认为，没有人知道智力到底是什么，因此它从未被准确地定义过。哪怕是在20世纪20年代，记者沃尔特·李普曼（Walter Lippmann）也认为智商测试只是一系列哗众取宠的噱头，他说："如果我们还未给智力下定义，我们就无法测量它。"也有人指出，这种测试只关注特定几种属性，忽略了人们的创造力、直觉思维、实践智力和情绪智力。还有人说，这种测试只能反映人们已经学到的东西，而不是他们的潜能，而且这些测试的内容偏向那些在西方文化中长大的人。继而,这个测试的过程本身也遭到质疑。那些压力大、疲倦或者对测试方法不熟悉的答题者,可能并不占优势,而那些执行测试的人和那些解释测试的人,都有可能使测试结果产生偏差。这可能也解释了为什么这种测试的结果并不是固定不变的——当一个人在不同的场合下接受测试,测试结果很可能会不同,据说这个分差最高能有15分。

那么智商测试的支持者们又作何回应呢?英国爱丁堡大学心理学院的研究员斯图尔特·里奇(Stuart Ritchie)认为,这个世界上确实存在一种能被定义和准确衡量的一般智力。他引用了一位心理学同事琳达·戈特弗雷德森(Linda Gottfredson)对一般智力的定义:"智力是一种最一般、最普遍的心理能力,它包含了推理、计划、解决问题、抽象思考、理解复杂概念、快速学习和吸取经验等能力……它代表了我们对周围环境进行广泛、深入理解的能力,让我们可以'追赶上'和'理解'各种事物,或者'想明白'该怎么做。"并且,里奇还指出,这些智力的组成因素之间往往是相关联的——如果一个人在某一项上得分很高,那他在其他方面也能做得很好。这些都说明了:一般智力确实存在。

若智商测试得分所体现的智力具有任何实际意义和价值的话,它应能对我们生活中一些重要部分做出预测。为了证明这一点,里奇在他的著作《智商的重要性》(*Intelligence: All That Matters*)当中列举了大量证据。诸如智商测试得分高的人往往更健康、寿命更长,考试成绩更好且学历更高,工作表现更好且收入更高,等等。同时,智商分数高也与创造力的心理学指标有一定程度的关联。当然,许多这些优点是相互促进的——例如一个人如果在考试中取得好成绩，则他更有可能继续深造。不过还好，在对其他影响因素，比如某人的社会等级进行限制之后，这些相关性大多依然成立。但是说到底，这些结论都是针对平均水平而言的——比如，平均来讲，高智商的人会更健康——因此这个结论跟某个个体不一定相关，而且这个平均水平背后的一个个数据可能都很分散。

如此一来，怀疑者和支持者谁对谁错呢？在今天，大多数研究者都认同，智商测试在用作其最初的设计目的时，是有价值的。它应该用来帮助我们，而不是给人们的发展机会设限。比如说，它可以用在说明交通污染对儿童智力发育的影响上面，或者用来保障弱势群体中那些有天赋的孩子不被埋没。不过很多研究者也承认，认知能力（一些心理学家更喜欢用这个词来代替智力）的某些特征，是智商测试无法捕捉到的。

再者，就算有些方面是智商测试能够覆盖到的，现在行业内也更流行抛弃单个数值的笼统测量方法，转而采用从不同的维度评估认知水平的技术。现如今，针对智力这个课题，卡特尔-霍恩-卡罗尔理论（Cattell-Horn-Carroll Theory）是最被广泛认可的。这个理论把智力划分成了几个大的维度。如流体智力（Fluid Intelligence），是人类大脑最原始的处理能力，它帮助人们处理那些不需要积累经验或获取知识就能够解决的问题。因此，它相对来说不会受到文化环境的影响。而晶体智力（Crystallized Intelligence）与通过积累经验而获得的认知能力有关，它使人们能够较好地完成词汇或常识这一类的测试。

流体智力在人类25岁左右达到巅峰，晶体智力则会随着年龄一同增长，一直增长到人70岁左右或更老。这个理论中其他的维度还包括人类记忆的效率，以及处理信息的速度。卡特尔–霍恩–卡罗尔理论还进一步将这些大的维度一一细分，形成了70多个具体的能力类型，例如数学能力、听力技能、外语语言天赋、视觉记忆、音乐辨别力和判断力、记忆广度，等等。

正如之前所提到的，随着被测试者的紧张程度不同、接受测试的意愿不同，再加上分析和解释测试结果的人的能力和经验不同，测试的分数会在短期内发生变化。因此，理想情况下，测试结果应用分值区间来表示——以显示分数的误差范围——而不是某一个乍看起来很精确的数字。

鉴于以上内容，如果某天有人骄傲地对你说，他的智商有156分，仿佛这个数字可以长期、全面、科学地代表着他超群的智力，那他八成也不怎么聪明。

到处都是"平均水平"

"平均水平"（平均值）是另一种仅用一个数字就能够代表大量数据的捷径。举个例子，2016年美国锐步（Reebok）公司对来自9个国家的9000人进行了一项调查，调查结果显示一个人的平均寿命是25915天，而人们平均只使用了其中0.69%的时间来锻炼身体，虽然调查结果也显示了，人们一生中平均要爬升相当于45个珠穆朗玛峰的高度。也有研究者调查过荷兰21岁男性的身高,平均(数)为6英尺半英寸(184.2厘米)。在邻国比利时,这个数值则矮了2英寸(5.1厘米)。在新加坡,行人步行60英尺(约18.3米)平均只需要10.55秒。而根据2006年的研究数据,在非洲马拉维共和国的布兰太尔,人们走过相同的距离的话平均需要31.60秒。

如果你刻意想说得含糊其词,但又希望听起来科学严谨的话,似乎没什么比"平均水平"这个词更好用的了。理想情况下,平均水平应该是一组数字中最普遍、最有代表性的那个数值,但实际上它有三种常见形式:平均数(mean)[①]、中位数(median)和众数(mode)。因此,虽然它们都叫"平均水平",这三种常用数值之间却有可能相去甚远。

假设一个公司有4名员工和1名薪酬较高的经理,他们的周薪分别是:200、200、300、400和5000英镑[②]。那么他们的周薪平均数就是周薪总数(6100英镑[③])除以总人数(5人),即每人1220英镑[④]。显然,这不能普遍代表每个人的工资,因为这个平均数被经理的高额工资拉高了。这就像是在说,如果你一只脚站在冰桶里,另一只脚站

[①] 准确来讲应该是算数平均数。因为对于数学高手而言,当然还有截尾平均数、缩尾均值、几何平均数、调和平均数,等等。

[②] 约合人民币分别为:1800元、1800元、2700元、3600元、4.5万元。

[③] 约合人民币5.5万元。

[④] 约合人民币1.1万元。

在开水桶里，平均来讲你会感到很舒服一样好笑。而中位数，就是将所有人的工资按升序排列，找到位于中间的那个数。在这个例子中就是300英镑，这个数字看起来，起码能够代表各位员工的工资水平。最后就是众数，也就是一组数字中出现次数最多的那个数，在本例中就是200英镑。这几个数值都可以叫作"平均工资"。如果对公司的工资水平有争议，那么各方都可以使用最符合自己诉求的那个指标。记得以前我在工会教一门课，叫谈判中的统计学。有一次我不小心拖堂了10分钟，当时的我不禁担心一场行业纠纷就要上演了，没想到听课的同学们都对"平均水平"的多重含义兴趣盎然，完全没有注意到自己的午间休息时间被占用了。

平均水平还有另外一个缺点，即不论以哪种方式计算，人们都很容易忘记：个体数值是围绕着平均值变化的，而这个变化可大可小。用平均值来看待每个个体，会导致很多怪诞的结果。

在20世纪初的美国，那些研究选举和投票统计的选举学家面临着一个谜题：一直以来，富人更倾向于投票给共和党总统候选人，而穷人则更喜欢民主党。但在近几次选举中，富人更喜欢给民主党投票了，美国选举地图上的好几个州由红（代表美国共和党）转蓝（代表美国民主党）；而几个较不富裕的州却是红色的，意味着州内支持共和党的占多数。这到底是怎么回事呢？难道是美国的政局发生了什么根本性的改变，导致富人和穷人的态度对调了？令局势更扑朔迷离的是，当你单独看每个州的数据时会发现，州内选民越有钱，他们越可能给共和党投票。例如在密西西比州、俄亥俄州和康涅狄格州，2000

年的选举数据体现了一个很明显的趋势,即选民收入越高,则投票给共和党候选人乔治·W.布什(George W. Bush)的概率就越高。

这个谜题的答案,就藏在一个被统计学家称为区群谬误(Ecological fallacy)的现象中。这个概念是1950年由加州大学洛杉矶分校(UCLA)的W.S.罗宾逊(W.S. Robinson)提出的。而这个所谓谬误,则发生在当我们以某个人所属的群体的性质"以全概偏"地评估这个个体的时候。举个例子,小唐住在康涅狄格州,2015年该州居民收入的中位数是71346美元[1],而小张住在密西西比州,那里的收入中位数是40593美元[2],以此我们会推断出,小唐应该比小张有钱。在这个例子中,每个个体的情况,都被认为与他们所在群体的平均水平相同,从而忽略了个体与平均值之间的差异。由此一来就会诱发危险的"刻板印象"——人们对一个人的智力、驾驶技术、性格以及政治观点的判断,全部依靠他们的出身、社会阶层、性别或年龄来判断(实则错得离谱)。根据提出"刻板印象"这个概念的沃尔特·李普曼的观点,在我们试图弄清楚这个纷繁复杂而又不断变化的大环境时,刻板印象给我们提供了简化这个环境的方法。他认为,我们其实都活在一个充满各种刻板印象的"内部世界",这个世界与我们的真实环境不同,而正是这个内部世界决定了我们的行为和观点。李普曼还认为,刻板印象对于真正的代议制政府来说是一大制约因素,因为

---

[1] 约合人民币52万元。

[2] 约合人民币30万元。

民意只不过是那些当下正流行的刻板印象的集合。

区群谬误给社会发展带来的危害不止于此。例如，它会导致美国总统大选中的怪象：站在州一级的层面分析得到的财富与支持共和党之间的相关性，如果以州内某个选民的角度再去分析的话，情况就会完全反转。也就是说，州平均收入较高与民主党支持率较高之间本来存在着正相关关系，但当具体到每个州内的个体时却会发现，个人收入越高其支持共和党的概率反而越高。

为了便于分析，我们假设每个州只有5位选民。表5显示了他们的年收入和可能投票给共和党的概率。

表5

州 项目	A州		B州		C州	
	收入 （美元）	概率 （%）	收入 （美元）	概率 （%）	收入 （美元）	概率 （%）
选民1	20000	55	30000	35	30000	10
选民2	30000	60	40000	40	40000	20
选民3	40000	65	55000	50	60000	40
选民4	50000	70	60000	60	70000	50
选民5	60000	80	70000	75	80000	60
平均值	40000	66	51000	52	56000	36

在每个州内，都是选民收入越高，给共和党投票的概率就越高。可是，看看平均值你会突然发现，州内平均收入越高的选民，他们给共和党投票的平均概率就越低。

另外，把平均水平当作标准还会引发无效的心理干预，它过度简化了人们在特定情况下做出的反应。研究者们表示，人们在结了婚之后会更幸福，但却没说人们在四五十岁时，信仰坚定、有稳定的工作和社交圈且坐拥财富和健康的时候会更幸福。当然，这些结论也都是基于平均水平的，不一定适用于特定的个体。

两位心理学家，来自纽约佩斯大学的安东尼·曼奇尼（Anthony Mancini）和哥伦比亚大学的乔治·博南诺（George Bonanno），调查了人们在结婚、生子、离婚、丧亲和创伤之后的反应。他们"震惊"于人们所给出答案的种类之多。他们收集的16000份有效样本显示，每个人的感受都不尽相同。在经历了离婚之后，有将近10%的人表示自己的幸福感大幅提升了，当然，这个回答也在情理之中，因为幸福的婚姻八成也不会走向离婚的结局。然而，又有19%的人说他们对生活的满意度下降了，还有72%的人说离不离婚对他们的生活满意度其实并无影响。

更令人惊讶的还是人们对于丧偶的反应。传统观点一般认为，丧偶后人们的生活满意度先是会急剧下降，接着是一段缓慢的回升，直到恢复到事情发生前的水平。但是在调查中，仅有1/5的人的描述符合上述模式。总样本中59%的人表现出了"非凡的抗逆能力"，他们的生活满意度在配偶离世后一直保持稳定。大家都以为最常见的感受会是所谓的一般感受，即感受的平均水平。其实不然。这使得曼奇尼和博南诺很担心，也许很多基于这种假设的心理干预都是错误的。比如，悲伤疗法或许只适合那些长期处在高度痛苦中的人。而对于其他人，甚至是大多数人而言，这种疗法也许反而是种伤害。

说了这么多，我们应该从中学到些什么呢？虽然通过一个个汇总数字去看这个世界，对我们的大脑来说轻松许多，但我们不能忘记，这种数字是经过简化的。大作家纳西姆·尼古拉斯·塔勒布（Nassim Nicholas Taleb）提醒我们，一个高个子的人，也可以在一条平均深度只有4英尺（约1.2米）的河里溺水。同样，你可能会在一个当月平均气温33摄氏度（约91华氏度）的度假胜地被冻得瑟瑟发抖；某医生诊所可能会惊讶地发现有病人投诉排队时间过长，虽然那里平均排队时间只有3分钟；而一位天资聪慧的学生，也可能会因为考试当天花粉热（过敏性鼻炎）发作，发挥失常，从而与理想的大学失之交臂。当我们试图仅仅用数字去捕捉现实时，我们可能会发现，它代表不了任何人或任何事。那些出现在宣传报道中的数字，是抛弃了很多个体信息而被制造出来的。然而在很多时候，那些个体信息才是我们真正需要的。

第四章 PART 4

被利用的范围切分

边界本身也许并无太多意义,可如果我们不假思索地接受它们,它们的影响也可以是潜在而深远的。

迷信5%

没人能料到罗伯特·恩斯特（Robert Ernst）有一天也会心脏病发作。这位现年59岁的得克萨斯州沃尔玛产品经理，30多岁时就戒烟戒酒，常年坚持马拉松和骑行运动。他甚至还曾在健身房做过私教，也是在那里，他遇到了自己后来的妻子卡罗尔（Carol）。据卡罗尔说："太阳一出来（罗伯特）就准备好开启这一天了。"她的生活从此被欢乐和惊喜填满。这对夫妻曾经连续几天在热气球嘉年华里露营，还去做义工，帮慈善组织仁人家园搭建房屋。

罗伯特唯一的健康问题就是他手部的肌腱炎，为此他开始服用布洛芬止痛。后来，他的医生给他开了一种叫作万络（Vioxx）的止痛药。与同类药物相比，这款药最大的优点就是：在缓解疼痛的同时，还不易引发胃肠的不适反应。起初一段时间，这个药似乎疗效显著，而且并未发现任何不良反应。然而，在连续服用万络6个月之后，2001年5月的一个下午，罗伯特跟卡罗尔说，他的脉搏似乎比平常跳动得慢了些，那天他刚完成自己每天的跑步任务，傍晚，夫妻二人去了他们初次约会时去的意大利餐厅就餐，回家后看了一会儿电视，接着就去床上休息了。夜里，罗伯特的呼吸变得异常缓慢。卡罗尔叫来了急救服务，但医务人员表示无力回天，罗伯特再也没有醒过来。卡罗尔一直想不明白，一个身体健康、精力充沛、爱说爱笑的人为什么会突然离世。后来她逐渐确信，罗伯特就是万络的销售商、巨型制药公司默克公司（Merck，亦称默沙东）那令人震惊的欺瞒行为的受害者。

默克公司将这款药物视为一款新的重磅产品，于1999年斥资3亿美元[1]将其投放市场。到2003年，万络已经在超过80个国家销售，给默克公司带来每年25亿美元[2]的收入。其销售团队接受了非常系统的培训，当中包括在劝说医生接纳此药品时应该如何微笑和游说。甚至连马丁·路德·金的演讲"我有一个梦想"都被作为营销驱动力编进了培训材料之中。"金（博士）是一个有目标的人，"培训手册上如是写道，"他一直被拒绝却一直坚持不懈……就像在面对医师的时候，你必须不断地重复这些有说服力的话语，直到有一天医师们'终于自由了'，这时候如果默克公司的药对病人来说是最适合的话，他们会将它写进病人的药方里。"

但在幕后，事情并非一帆风顺。在一次临床试验中，一位73岁的匿名女性在服用万络后，突发心脏病死亡。后来人们才发现，在同一次试验中，还有另外7名病人在服用了该药之后死亡。这次临床试验旨在将万络的疗效和安全性与另一款名为萘普生（Naproxen）的替代性药物做对比。在服用萘普生的受试者[3]中，只有1人在试验中死

---

[1] 约合人民币22亿元。

[2] 约合人民币183亿元。

[3] 受试者：临床医学研究中自觉或志愿参与和接受试验的人。

亡。而此次临床试验共有约5500人参与，两款药物大致上是平均分配的。

如果，在一次随机试验中，8人因一种药物死亡，1人因另一种药物死亡，我们自然会问：假设这两种药物真的同样安全，那么发生这种情况的概率有多大？这个情况会不会太过巧合了？在统计学中，有一种叫作显著性检验的方法，就是用来帮助解答这种疑问的。在规范的流程中，我们首先要提出假设——在这个例子中，假设两种药物同样安全。然后我们就要问：如果假设成立，两种药物同样安全，那么服用其中一种药物的人的死亡率是另一种的至少8倍的概率有多大？问题中提到的概率被称为p值。假如这个概率（p值）最后算出来是40%，那么你会质疑"这两种药物同样安全"的假设吗？我猜这时大多数人会认为，在两种药物致死率上出现的差异很可能是出于偶然：也许当人们被随机分配给用两种药物的时候，刚好那些健康状况差一些的人被分在了万络那一组。就像如果抛10次硬币出现了6次正4次反，你并不会觉得这个结果是有偏差的。但是，如果上面那个概率（p值）算出来是2%呢？那么我们可以这样推断：如果假设成立，两种药物同样安全，那么在这个2%的小概率下，应该就不太可能出现死于其中一种药物的人数是另一种的8倍多的情况。此时，我们就会开始严重怀疑那个"同样安全"的假设，并很可能拒绝这个假设。关键问题是：这个概率p值到底要多小，我们才应该拒绝原假设呢？按照活跃在20世纪30年代的著名统计学家罗纳德·艾尔默·费舍尔（Ronald Aylmer Fisher）的观点，这个值应该是5%。费舍尔指出，当一个结果的p值小于5%（0.05）时，我们就会说它具有统计显著性。换句话说，当p值小于5%的时候，显著性检验就会告诉我们：如果你的假设或主张正确的话，这个结果是不太可能出现的，因此你有充分的理由去质疑这个假设。

然而我们必须认识到，5%这个阈值是主观设定的。它背后并没什么科学依据。当费舍尔后来被问到为什么建议p值小于5%就可以拒绝原假设时，他承认自己没什么具体的理由。他选择5%仅仅是出于"方便"。如果盲目信从费舍尔的建议，那么当你遇到一个假设称，掷10次硬币至少有9次正面则说明硬币是绝对公正的，你会拒绝这个假设［计算可得，如果硬币绝对公正，10次抛掷中出现9次或以上正面的概率（p值）是1.07%］；而当假设改成掷10次硬币至少有8次正面，你又不会拒绝这个假设了［因为出现8次或以上正面的概率（p值）是5.47%］。其实，尽管费舍尔的建议如此，你都理应有权判断一个假设是否站得住脚，哪怕它的p值是6%甚至是10%——这取决于你自己的判断。尤其是当"接受"[①]一个错误假设会导致危险或损失的时候，就比如，我们错误地接受了"某种药物是安全的"这一假设。然而，尽管缺乏科学依据，但5%这个阈值已经"闯出了自己的一片天"。过去的90多年间它一直在医学、心理学、管理学和教育研究等学科横行霸道，同时也渗透进了生物学的一些分支。"p<0.05

---

① 严格来讲，更准确的说法应该是没有足够的证据去推翻假设，而不是接受假设，因此此处将接受一词打引号。

— 信息差
÷ 看透大数据背后的底层逻辑

这个说法在科学期刊的文章中随处可见，标示着文章的作者发现了两个事物间的显著性差异，且这个差异不是偶然出现的：比如A药物比B药物见效更快；X方法比Y方法生产力更高；比起传统的教育方式，最新的教育方式让孩子的学习更有效率。所有这些发现都令人十分激动，相比之下，那些未被数据证明的研究就显得索然无味了。学术研究期刊当然更喜欢刊登那些激动人心的科研结果。由此你可以想象一个画面：学术研究者屏住呼吸、期待着电脑中正在处理的数据几秒之后能够显示出那神圣的"$p<0.05$"。可以说，成功的科研生涯倚仗论文发表数，而发表数在很大程度上倚仗"$p<0.05$"。

记得有一次我为某知名心理学期刊审阅一篇论文。"你以为你是谁？"只见编辑在备注里给倒霉的作者写道，"你口口声声说发现了具有显著性的结果，可是你的p值仅仅比10%低了一点点。科学标准应该是p值要低于5%。"还有一次，在我参加的一个研讨会上，一位发言人抱怨了一句："啊，我太难了！"听众闻之会心一笑。原来是她讲义上显示的p值是0.053（即5.3%），因此她自认为这样的研究结果不能算是具有统计显著性的。

如果一个研究结论像按开关一样，在p值5.3%的时候无科学研究意义，而当p值到了比如4.9%的时候就突然具备了"科学意义"，这当然是没道理的，尤其是当这个p值的计算经常依靠不准确的估计和不真实的假设时。其实，最好的办法就是简单地给出实际的p值，让读者自己去判断原假设的合理性。到后来，连费舍尔自己也推崇这个方法，但那时坏习惯已经形成，对5%的依赖已在众多学科的实践中根深蒂固。

不过，默克公司的数据分析师们对于5%的执着却另有隐情。不同于大多数研究者，他们并不期待找出被研究的两个东西之间的差别，而是希望证明万络这个新来的家伙和那个最常见的萘普生一样安全。问题是，数据分析显示，如果两种药物同样安全，那么在试验中有8人服用万络后心脏病发死亡，而在萘普生组中只出现了一例死亡，这明显是不太可能的。试验结果的p值远小于5%，说明"药物同样安全"的假设理应被推翻。有报道称，当时这个结果在默克公司的领导层中引发了恐慌。这项试验原本是由营销部门发起的，旨在展示万络对比萘普生来说对肠胃更友好，这次试验同时也是一个营销手段，为的是让600名医生参与其中，借机把新药介绍给他们。但是，试药死亡的报道让他们的小算盘落空了。默克公司当时的高级科学家爱德华·M.斯科尼克（Edward M. Scolnick）写道："这简直太蠢了，这样多此一举的小规模营销研究实在太过危险。"

顶着巨大的压力，数据分析师们反复研究着试验结果，想方设法让这个麻烦的p值回到5%以上。要是把与万络相关的死亡人数减少一个会怎么样呢？毕竟，那位73岁的女性一开始只是跟她儿子抱怨自己胸痛，但这只能说明她的死因可能是心脏病，却不一定是心脏病。于是大家决定将她的情况登记为"死因不明"。这样一来他们便成功了吗？并没有。事实上，据说分析师最后不得不从数据中抹掉了3位由万络引发心脏病而亡的病人。如此一来，服用万络后死于心脏问题的人数就只有5位了，数据结果刚好落在那个为人所熟知的安全范围内。报告这个"幸运发现"的论文被刊登在了知名期刊《内科学年鉴》(Annals of Internal Medicine)之中,其第一作者是来自亚利桑那大学的风湿病学家杰弗里·R.利瑟(Jeffrey R. Lisse)。利瑟后来称这篇论文其实是由默克公司的员工所写的,这也至少说明了默克公司的行为很可疑。

罗伯特去世四年多后,卡罗尔站上了法庭,该法庭将就她和罗伯特的两个孩子对默克公司提起的诉讼做出裁决。到此刻为止,越来越多证据指出,万络就是引发受试者心脏病的罪魁祸首。大量类似的案件正待审理,默克公司发誓会一一迎战。万络的广告语就曾是"为了每一天的胜利",但如今默克公司并没有取得胜利,至少在刚开始时没有。经过一天半的审议,陪审团同意卡罗尔获赔2450万美元[①]的精神和经济损失,作为对默克公司的惩罚;她还应该获得额外的2.29亿美元[②]赔偿,因为默克公司罔顾病人生命安全,恶意地营销万络的疗效。然而,卡罗尔的苦难远没有结束。2008年,默克公司发起上诉,得克萨斯州一个由三名法官组成的小组推翻了一审结果,称卡罗尔的律师未能证明万络是导致她丈夫死亡的直接原因。2012年,美国最高法院支持了这一观点。现在卡罗尔什么都拿不到了。

尽管如此,已然出现了更多证据,指向万络会增加心脏病发病风险,默克公司迫于压力,终于在2004年9月将万络下架。但那时

---

① 约合人民币1.8亿元。

② 约合人民币16.7亿元。

已有约2000万美国人以及其他国家中数以百万计的病患服用了该药物。对该药物导致的死亡人数的估算有很多种，某医学期刊预计，约有88000名美国人服用此药物后导致心脏病发，其中38000人死亡。前出版人罗恩·恩兹（Ron Unz）注意到，万络上市的那年，也就是1999年，美国的死亡率出现有史以来最大的一次上升，而最大的一次下降又碰巧出现在万络退市的2004年。对于从相关性中推断因果关系，我们应当十分谨慎（见第十章），但是恩兹认为万络很可能杀害了近50万美国人，这可是越南战争中美军死亡人数的近10倍。最终，默克公司在2007年宣布，将支付近50亿美元[①]的赔偿金用于解决数千起诉讼。尽管这可能是类似案件中最大的和解协议，但默克公司拒绝承认他们有错。

当然，你不能把默克公司的分析师对数据的"节约利用"全部怪罪于费舍尔那个关于5%的建议。不过，在"本药物安全"与"本药物不安全"之间武断地设置一条分界线，这本身就给分析数据的人提供了一个可以隐藏真实概率的掩护，也给他们提供了一个人为操纵数据的动机。我估计，即便他们去掉了那3起心脏病案例，那么假设两种药物同样安全，服用万络的致死率是服用萘普生的至少5倍的概率（p值）也只有12%。对于很多人来说，这个概率可能已经低到无法将致死率的差异视为巧合，毕竟12%比八分之一还小。但"$p<0.05$"这个"方便"的规则，允许默克公司将两种药物致死率之间的差异公

---

① 约合人民币365亿元。

布为不存在统计显著性,会给大众带来"这两种药物同样安全"的误解。

这种根据自己的需求故意操纵数据以使结论高于0.05或低于0.05的做法,如今有了自己的名字:p值黑客(p-hacking)。在一项关于心理学论文的调查中,宾夕法尼亚大学沃顿商学院的乌里·西蒙松(Uri Simonsohn)发现,大多数论文中出现的p值不正常地集中在0.05上下,这说明p值黑客已经是司空见惯的现象了。不过西蒙松认为,这个现象并不代表所有的科学家都是江湖骗子——趁着夜深人静之时潜入空荡荡的实验室偷偷地篡改研究数据。很多p值黑客现象是从分析研究结果时所需要做的各种决定之中形成的。是否需要收集更多数据?应该用哪个方法分析这些数据?是否应该剔除那些罕见的观察数据?比如,某位被调查者在做网络问卷时不小心点错了,因为其他所有人都对一项新治疗方法评分90分以上,只有这个人评了0分。如果一位科学家真心相信某个假设是成立的,那么他自然会在做决定时偏向于支持这个假设。此时,如果包含那个犯迷糊的被调查者数据在内,我得到的p值是0.14,可如果剔除类似的数据就可以得到0.03,那么我选择拿掉它们。

然而问题依旧存在:科学家一般都是既诚实、聪明又有探索精神的人,可为什么他们会毫不质疑地遵守"p<0.05"这个规定呢?原因之一是科学家大多没有专业的统计学背景,他们中很多人并不了解p值究竟意味着什么——他们只是以为这个奇怪的数字必须要小于0.05,这样自己的研究结果才值得发表。在一项研究中,研究人员给心理学学生和他们的老师看了对显著性检验结果做出了错误解释的6

个陈述，所有的学生以及90%的老师相信这些陈述中至少有一个是正确的。

第二个原因是，一个简单的规定有助于创作出一个既有影响力又容易被旁观者消化的故事。正如我们所见，就连严肃的学术期刊也喜欢有吸引力的故事。例如，相比于"假如两种方法同样有效，那么两种方法在拼写准确性上出现的差异至少等于此处观察到的差异的概率，只有4.2%"这种表述，"在提高孩子的拼写能力方面，A方法显著地优于B方法"的句式就要好读得多。许多报纸编辑整理近期科研成果的报道时，同样不会采纳前面这种表述。而后一种表述还有一个吸引人的地方，在于"显著地"这个词，它暗示着"重要"或"值得关注"。读了这句话我们很可能会推断A方法大大提升了儿童拼写水平，而如果我们有孩子的话，我们就会思考为什么这个方法还没有被孩子们的老师采用。然而这个"大大提升"可能只是个幻觉。统计显著性仅代表了两种方法间的差异不太可能是碰巧产生的。在现实中，这两种方法的差异可能非常微小。举例来说，可能在A方法下，平均每个孩子在拼写测验中错4.13次，而在B方法下则错4.15次。统计上显著但实则微小的差异，特别容易出现在被测试人群或物体数量特别庞大的时候（例如分别采用两种方法教学并接受测试的孩子多达10000人）。就像一个倍数很大的显微镜，大容量样本使得各组之间细小但具有统计显著性的差异能够被检测出来，即便这些差异并无任何实际意义。因此我们更应该关注差异的大小，而不仅仅是找到哪里有差异。然而这一点却鲜有人提及。

如此一来，导致的后果之一，就是我们从媒体中得到的关于什么对我们有益或有害的报道，听起来总是反复无常。一个报道称饮用咖啡会损害健康，另一个报道却说咖啡对健康有益。每天一杯红酒？一篇报道主张"千万不要"；另一篇报道又称"来一杯享受一下吧，想想它的健康功效"。鱼、奶酪和红肉都曾作为这些互相矛盾的报道的主题。随着最新的饮食建议登上头条，那些关注健康的消费者必须不厌其烦地调整着他们的饮食习惯。

第三个也是最后一个原因，就是"$p<0.05$"的"一刀切"的属性省去了科学家的许多烦恼，他们不必再花费脑筋思考自己的科研成果——它要么显著，要么不显著，仅此而已。与此同时，这个规定的普遍应用可以使各科学学科及其期刊看上去具有一致性、严谨性和客观性。试图让期刊戒掉对这一规则的依赖？可惜，那些尝试大多以失败告终。其中由英国心理学会在20世纪90年代中期所做的一次尝试进展甚微。"它就这样消失殆尽了，"其中一位知情人士说道，"当时的观点认为它会给期刊界造成过大的动荡。"自此之后，"$p<0.05$"这个规定经常遭受攻击，甚至在2016年，美国统计协会认为需要发表一份由20多位专家共同完成的声明，警告业界这个规定是"一种极其有害的统计操作"。更有其他学者发出警告，称它正在导致科学过程的严重扭曲。一篇斯坦福大学教授约翰·约安尼迪斯（John Ioannidis）的著名论文甚至起了一个令人警醒的名字——"为何多数已发表的研究都是错误的"。

那么，对p值的科学实践在不久的将来会发生改变吗？在约安尼迪斯的那篇文章发表14年后，这个旧习惯依然大行其道。因此我不会赌这一把——p<0.0001，非常不可能。

迷惑学——学位

一些颇为主观的数值的数值边界掩盖了背后真实数据的范围大小，就算你的健康状况或你的科学世界观还没有受到这些数值的不利影响，那你的职业生涯也可能已经被影响了。想要从事期待中的职业大多需要依靠符合要求的考试结果，不论是哪个层面的考试。通常来讲，考试和其他类似期末作业的测评项，是按照0~100的分数范围去打分的，可是当这些分数被打出后，它们通常会被转换为分级成绩（grades）或等级（classifications）。比如在英国的大学里，学生的考试分数将在他们所学的不同科目中进行加权平均，该平均分数将决定他们所能获得的学位等级。平均分数在70分及以上的，一般可以获得一等荣誉学位［或记为"一等（first）"］，标志其优异的表现；平均分数在60~69分的则会获得二等上荣誉学位（或按历史悠久的英国大学成绩等级中的"2∶1"记录）；50~59分的可获得二等下荣誉学位（记为"2∶2"）；而40~49分的则为三等（third）。再往下，要么被当作不及格，要么就被授予一个"通过"学位，不过某些资料显示，牛津大学曾在1925年为英国前首相亚历克·道格拉斯-霍姆（Alec Douglas-Home）授予四等学位。

这种分类等级如此深入人心，有人甚至为此编了一套谐音俚语。

一等（first）被称作"Geoff"，以1966年在世界杯决赛中完成帽子戏法的英国足球运动员吉奥夫·赫斯特（Geoff Hurst）命名。二等上（2:1）叫作"Attila"，以匈奴王阿提拉（Attila the Hun）命名。而二等下（2:2）叫作"Desmond"，以南非大主教和反种族隔离活动家德斯蒙德·图图（Desmond Tutu）命名。三等（third）则叫作"Douglas"，是以获得了一等学位的前英国内政大臣道格拉斯·赫德（Douglas Hurd）命名的。但经过片刻的理性思考后你肯定会发现，用"Attila"代替某位学生原本的61分这个平均分数，或用"Geoff"代替85分这个分数，只会将本来精确的信息变成对学生表现的一种粗略又模糊的反映。

一个显而易见的问题就是，平均分69分的学生和70分的学生之间本就只有细微的差别，但他们却会被授予不同等级的学位，这对他们的未来可能会产生深远影响。相比之下，那些得到69分的学生和平均分刚好够60分的学生之间是有很大差距的，然而他们却都可以获得同一个学位等级。意识到这个潜在的不公平可能会让一些学生以毫厘之差错过高一等的学位，许多大学为此制定了一套复杂的公式，允许一部分踩线的人上升一个等级。不过，这些升级规定自然也是主观任意的，不太可能有人在过去获得升级的学生中做大规模调查，仔细看看他们是不是确实和那些自动获得高等级学位的学生不相上下。

在某些情况下，这种公式是可以被重新解释的，或者会包含"通常"这个万能的词，这些都使得决策可以偏离正常情况。结果就是，考试委员会的老师们可能会花费数小时来争论和纠结张三的学位该不该升到"Desmond",或是李四配不配得到"Geoff"。到最后,结论在很大程度上会取决于提出者的人格力量,即由不同人组成的委员会可能会得出完全不同的决定。遗憾的是,所有这些努力和所有繁复的规则都是画蛇添足,因为它们所做的只是将原本精确的结果转变成了质量更低的信息。

鉴于此,许多用人单位现在坚持要查看学生详细的各科成绩单。不过对于那些希望就读研究生的人来说,不管单科成绩如何,有一个二等上甚至是一等学位还是十分必要的,因此,这种墨守成规的迷惑之举依然经久不衰。

在英国,这种把分数转换为等级或分级成绩的习惯在教育系统中由来已久。普通中等教育证书(GCSE)是在英国除苏格兰地区以外的16岁左右的孩子普遍要考的证书,它的百分比成绩就被换算成由9到1的九个级别(9为最高)。在这之前,它采用的是从A+到U的分级(A+为最高)。更早以前,普通中等教育证书还用过从1到9的分级(9是最低级)。除了让大批家长和用人单位困惑不解,这种分级成绩和学位等级还面临着相似的问题。有人可能会说,因为考试难度每年都在变,这种分级成绩可以保证考试结果的代表性不随考试难度的变化而变化。当试题的难度较大时,可能65分就可以获得高分数级别了,而在试题较简单的年份,可能就需要75分。在2017年,学生只需要拿到15分,即可获得普通中等教育证书数学考试的较高等级。其实,为了达到这个目的,对分数百分比进行合理的缩放或对评分标准进行合理的调整,或许是更好的选择。使用百分比分数还是会比依靠一个粗略又模糊的数值分级机制更清晰明了。

英国并不是唯一将原始分数换算成信息量更少的分级成绩的地方。维基百科上详细列出了超过80个国家的不同分数换算机制，在美国、加拿大等一些国家，甚至其国内不同地区的不同教育机构都拥有不同的机制。有一些复杂的机制，其分数区间边界划定的精确度之高，给了分数换算一个看似科学实则虚幻的光环。举个例子，在美国某些学校采用的一种机制中，分数在96.5～100可获得A+的分级成绩，92.5～96.49分是A，89.5～92.49是A-，依此类推。在当今这个人口自由流动的世界中，学生们去国内不同地区或其他国家求学是很平常的，而这些令人迷惑的、不统一的分数换算机制，着实像一座数值巴别塔。

为一个标签所累

主观任意的数值边界对于我们看待世界的方式的影响程度超乎想象。心理学家迈伦·罗斯巴特（Myron Rothbart）、卡琳·戴维斯-斯蒂特（Carene Davis-Stitt）和乔纳森·希尔（Jonathan Hill）在他们的一篇论文中，讲述了一个古老的犹太故事。有一位农夫，他的土地临近波兰和沙皇俄国的边境线。连年的国际争端使得边境线的位置不断被推来推去。由于不确定自己的土地到底属于哪个国家，这位农夫决定雇一名勘测员来解决这个疑问。经过数周的仔细勘查，勘测员宣布，农夫的土地刚好位于波兰的边境之内。"感谢上天，"农夫如释重负地哭喊着说，"我终于不用再忍受沙俄的冬天了！"

对于那位农夫认为沙俄的冬天会在边境线处止步不前的想法，我们可能会报以讥笑，但是心理学研究表明，人们对事情的态度在很多时候跟这位农夫相差无几。举个例子，一份研究发现，如果要在离家特定距离内建一座核电站，那么，对于那些住址与核电站之间存在政治边界（即不同国家）的人，对核污染的威胁会表现得更加不在意一些。然而，想必核污染对边境线的敬畏之感，不比对沙俄的大雪强到哪里去。由此可见，或许当我们把连续的数值标度以任意界限切分成一个个级别的时候（就像学位等级那样），我们自己对现实的感知也会出现类似的扭曲，这并不奇怪。只是这样会产生一些非常不幸的影响。

先来说说体重。发达国家中的人对体重秤上的数字可谓斤斤计较。仅在美国，减重行业在2014年已价值约640亿美元[①]。衡量一个人的体重是否健康的方法之一，是计算身体质量指数（BMI），即用体重（千克）除以身高（米）的平方。显然，BMI是一个连续的测量值，世界卫生组织（WHO）却将它切分成了几个级别——18.5以下代表体重过轻，24～27.9则代表体重过重，而28以上则是肥胖。然而，一些研究者还采用过各种没有明确理论依据的分界点。在1998年之前，美国国立卫生研究院（NIH）采用的BMI临界值是男性27.8，女性27.3，超出临界值就算作超重。而当美国遵循世界卫生组织的标准，将男性和女性的BMI标准体重与过重的临界值均改为24

---

① 约合人民币4700亿元。

时，数百万原以为自己体重很标准的美国人，突然发现自己被标为了"超重"。这个变化看似无关紧要——毕竟那些美国人并不是真的在一夜之间都增重了。然而，通过下文我们即将看到，这种不同级别之间的边界的设置，其造成的影响绝非无关紧要。

两位心理学家，来自意大利的里雅斯特国际高等研究院（SISSA）的弗朗切斯科·福罗尼（Francesco Foroni）和来自美国俄勒冈大学（UO）的迈伦·罗斯巴特（Myron Rothbart）在一项实验中给参与者连续展示了9幅女性身材的剪影画，这些图画依照从非常瘦到非常胖的顺序排列。在实验的第一阶段，参与者要评价不同剪影之间的相似程度。经过十分钟的短暂休息后，9幅剪影被简单粗暴地划分成了三组——三个最瘦的被标为"厌食者"，中间三个被标为"正常"，而最壮实的三个被标为"肥胖"。随后，参与者要再次进行相似的评价。这一次，他们感觉相同标签剪影之间的相似性要比不同标签的更高。也就是说，两幅相邻出现的剪影如果属于同一个标签，参与者就觉得它们更相似，而如果是这种随意标准下不同组别的两幅剪影，参与者就觉得它们并没有那么相似。接下来，即使这个边界的合理性被质疑，甚至被移除，再次重复同样的相似性评估，之前边界的影响依然不会消散。

可见，一旦设置了边界，我们的认知就会高估各边界内部的相似性，并且夸大不同边界间的差异性。而且任意地调整边界后也不会影响这种效应。例如，有实验显示，将求职者的评估等级划为"理想""可接受""擦边"三档，然后调整这三档的分界点，这时人们对于调整前处在同一档的求职者的相似度评价，依然会高于调整后他们处在不同档时的评价。即便告诉做评价的人，那些边界完全是随意设定的，事情的结果也是如此。

讨论这些非常重要，因为标签会对我们看待自己和他人的方式产生惊人的影响。在一项纵向研究中，那些小时候被标记为"太胖"的女生，十年之后BMI为"肥胖"的概率更高，不论她们小时候的BMI究竟是多少。研究人员猜测，贴标签所造成的压力，导致这些女生采取了暴饮暴食之类的应对策略。还有证据表明，标签会影响到女性对自己的身体感受，甚至可能妨害心理健康。在另一项研究中，研究人员罗伯特·罗森塔尔（Robert Rosenthal）和勒诺尔·雅各布森（Lenore Jacobson）告诉小学教师，某几个孩子在一次学业测试中获得了可以排名前20%的好成绩。这些孩子被标记为"学业小天才"，但实际上他们只是被随机选出的，与学校里其他的孩子并无太大差别。然而，当一年之后，研究人员重新测试了学生们的智商，那些"小天才"的分数都比同学们高出10~15分。这个标签已然成为一个自我应验的预言：或许是由于老师们倾注了心血去培养、启蒙那些"小天才"。由此可见，一个孩子的未来在很大程度上取决于他们的考试或能力测试的成绩究竟落在了那条任意确定的边界的哪一边。

沙堆悖论的哲学挑战

我们了解了将数值范围粗略地切分成几个类别会造成信息的缺

失，导致人们对现实的认知产生扭曲。那为什么我们还在乐此不疲地切分数值范围呢？毕竟在多年之前，爱尔兰剧作家萧伯纳（George Bernard Shaw）就说过："粗略的分类和错误的概括是对井井有条的生活的诅咒。"自古希腊时期开始，哲人们就对在何处设置分类的边界困惑不已。沙堆悖论（sorites paradox，也称连锁悖论），是指一个微小量的持续相加或相减，最后成为不同质的事物，讨论从一堆沙子中拿走一粒沙子的情况。有人认为，拿走一粒沙子，原来的一堆沙子仍然是一堆。但如果我们每次都成功地拿走一粒沙子，那情况又会如何呢？按上述观点可推导出，每次拿走沙子之后，那堆沙子还是会堆成一堆。可最终会出现一个情况，那就是只剩下最后一粒沙子，这时再说它是一堆沙子显然就不合适了。在这个过程中的某个时刻，那一粒粒沙子一定经历了从"一堆"到"不是一堆"的类别转换。但是，它们是何时跨过这个边界的呢？究竟是哪一次小小的改变（拿走的一粒沙子），引发了明显的类别转换呢？同样的情况也适用于连续标度，比如温度或高度，它们的变化是可以无限小的，而不是像一粒粒的沙子那样只能以某个无法再小的数量变化。那么，温度下降到几度时室内不再暖和了呢？身高长到多高时，一个人就变成高个子了呢？

虽然存在这些哲学上的挑战，数值范围还是有助于我们应对一个每天都充斥着大量信息的复杂世界。尽管人类的大脑非常聪明，拥有数十亿个神经元和突触，但它一次可以处理的信息量依然十分有限。用几个范围替代连续变化的数值，可以有效地缩减我们所要处理的信息量。分类也可以帮助我们理解世界。虽然有些连续量表专门用来测量人的内外向程度的,但如果将人们划分到二元类别来解释他们在聚会上的表现,就会好理解得多:他是个内向的人,而她是个外向的人。这种对分类的迫切需要很可能是人类为了生存而进化而来的。在我们祖先的生活环境中,也许有很多不同种类的蛇,其中有一些是无害的。但是将所有蛇统统划入"危险生物"的分类方式可能更为明智,比如当他们突然遇到一个悬挂在树上的新品种时。

使用分类还可以简化我们与他人的沟通过程。光的本质是电磁波,不同波长的光呈现不同的颜色,但如果我大喊:"快看那边那些美丽的472纳米波长的花朵!"可能没人会理睬我。而用"蓝色"这个词替代"472纳米波长"的效果可能会好很多。当然,蓝色依旧是一个类别,且其边界同样是主观任意的:波长450~495纳米这个范围通常被用来界定蓝这个颜色。

因此,对数值范围进行切分是必要的,也是有用的。但我们仍然要注意它可能会造成的误会和危害。例如,我们在两个等级之间看到的,那如同悬崖一般虚幻的阶梯变化;以及对于那些处在假想边界之内的人,可能具有潜在危害的刻板印象。在科学研究报告中,这些临界值可能会导致发生微小变化的测量结果从"微不足道的结果"神奇地转变为"重要的发现",反之亦然。它们能够为一位毕业生或学童的未来发展前景提供一个助力,或是设置一道阻碍,甚至可以摧毁人们的心理健康和自我印象。边界本身也许并无太多意义,可如果我们不假思索地接受它们,它们的潜在影响往往是深远的。

第五章 PART 5

你在为数字而活吗

你可以变成一个『优化后的人类』。于是乎,我们最大的威胁已不再是细菌、病毒或自然灾害,而是来自我们无法控制的自己。

不真实的步数

在西班牙桑坦德一个美妙的夏日傍晚,我遇到了一件很让人恼火的事情。桑坦德有一条宽阔的、铺设石砖的海滨长廊,向西延伸出一条通往崖顶的小径,沿途尽是绝佳的海岸景观,因此,当时的我觉得长途漫步会是结束一天的完美方式。我沉浸在温暖的气候和舒缓的阵阵涛声之中,不知不觉中走出了好几英里(1英里≈1.6千米)。直到返回酒店,我才意识到发生了一件小小的不幸——没戴智能手环。所有的步数,所有为了登上崖顶而付出的辛苦,全都白费了。根据手环上的数据,我没能达到今天的目标步数。外面天就要黑了,但有一瞬间我竟然冒出一个疯狂的想法:我可以再去走一遍,六月的天黑得不算早,而且我有信心再次找到登上山崖的路。

还好,我的理智占了上风。虽然我开玩笑说我走的那些步数不是真的,因为它们并没有留下记录,但我还是有被欺骗了的感觉。我想起曾经在《卫报》上读到的一篇文章,当中有一位女士坦言道:"最近我开始担心,如果没有我的智能手环,我还存在吗?要是没有数据,我是不是就死了呢?"我不知道自己是否也会出现像那些游客一样的症状:他们永远只通过相机镜头或手机屏幕去观察这个世界,因为他们的目的是记录,而不是体验。又或者,对某些数值的极致追求已经取代了生活、感觉和享受。我曾有一位渴望周游各国的朋友,他有一个清单，上面列着他去过的国家，他认为这个清单可以越长越好。有一次，他坐小船从开普敦（Cape Town）到特里斯坦-达库尼亚（Tristan da Cunha），花了整整6天的时间，但他上岸后只待了一会儿便匆匆离开了，因为他想要的只是护照上的登陆印章。

这使我不由得开始思考。当我们专注于量化人生阅历或完成指标的时候，人生是否已变得了无生趣？我们生活的真相是否只能存在于数字记录中，以免受到我们不可靠的记忆和变幻莫测的心理的影响？又或者，还有更多的可能性？

数字日记

这几年，实用新技术呈指数级增长，使我们能够追踪生活的方方面面。你可以穿戴甚至吞下一些设备，去记录你的地理位置、身体活动、睡眠质量、心率、脑电波、卡路里燃烧量、社交互动质量、心情和幸福水平。

想要事无巨细地记录生活的冲动并不是件新鲜事。一直以来都有人在坚持写日记。只是有人选择了另一种形式。1726年，20岁的本杰明·富兰克林开始用日记来记录自己培养13种美德的过程，其中包括节制、沉默、节俭、真诚和谦逊。他每周着重于培养一种美德，每13周为一个循环。在270多年后的1998年，一位微软公司的计算机科学家戈登·贝尔（Gordon Bell）决定将他生活中的方方面面记录成电子档案，包括他所有的来往信件、读过的书、会议、谈话和电话记录等。他从2003年开始佩戴一部香烟盒大小的相机，只要这个相机处在静止状态，每隔大约20秒便会自动拍下一张照片。虽然他并不是时时刻刻都佩戴着这部相机，但截至2012年，他也已经拍下了近百个系列，多达6万~8万张照片。这些照片的内容包含步行去研讨会途中、就餐时的饭菜和交谈过的人物，等等。他将自己的这个项目称作"我的生活片段"。无独有偶，意大利概念派艺术家阿尔贝托·弗里戈（Alberto Frigo），从2004年自己24岁开始，一直在拍摄他的右手使用的每一件物品。他平均每天拍摄76张照片，并计划一直拍到2040年，到那时，他估计自己将会累积多达100万张照片。迄今为止，他收集的照片已经在各大艺术展览的巨型墙壁上展出。

上述例子还没包含使用数字来记录生活的场景，但随着高科技设备变得触手可及，出现了一股量化生活的潮流。如今有一项运动叫作"量化自我"（quantified self），这个词是2007年由《连线》（Wired）杂志的两位编辑加里·沃尔夫（Gary Wolf）和凯文·凯利（Kevin Kelly）创造的。到2016年，量化自我研究所（Quantified Self Institute）已有超过70000个会员，在世界各大城市都设有本地交流小组。这项运动的座右铭就是"通过数字认识自我"。沃尔夫本人对自己的日常记录如下：

> 我今早6:20起床，昨晚是凌晨00:40睡下的。晚上我醒了两次。我的心跳是每分钟61次，我的血压三次测量的平均值是127/74。我的情绪是4分，满分5分。过去24小

时内我的运动时间是0分钟，因此没有记录到我运动期间的最大心率。我摄入了400毫克咖啡因和0盎司①酒精。然后，我的自恋人格指数（基于"一个经过充分验证的几分钟就能完成的心理测试"）是0.31。

就连如此枯燥的数字都已经变为艺术。2005~2014年间，美国平面设计师尼古拉斯·费尔顿（Nicholas Felton）将他记录自我的数据汇编为可视化的年度报告，并制作成精美的书籍用于销售。

现如今，"数字日记"不仅用于监控自己的身体和个人体验，它还可以用于追踪与他人之间关系的质量："量化关系"已然到来。举个例子，一个叫Kouply的应用程序可以将你与伴侣间的交往转化成一个游戏。你们可以给对方打分，用分数来换取惊喜花束、足部按摩、热烈的吻或制作一顿浪漫大餐等礼物。伴侣们还可以选择加入排行榜与他人比拼。这款应用程序被称为"鼓励伴侣们为建立一段牢固、持久的关系而学会感恩并变得风趣的应用程序"，其位于西雅图、在微软工作的开发者们希望有朝一日将他们的产品纳入婚姻问题解决方案。

除了想更了解自己，人们用数字追踪自己的日常生活和交往关系似乎还出于其他动机。其中最常见的或许就是渴望完善自我。"除非能被测量，否则有些东西无法得到改善。""量化自我"运动联合发起

---

① 1盎司≈28.35克。

人、胡子花白的凯文·凯利如是说道。而有些人，例如堪培拉大学的狄博拉·勒普顿（Deborah Lupton）教授，则认为这个动机顺应了现今的时代思潮，大家都觉得个人应该对自己的健康和幸福负责，而不是期待政府来为此买单。从这个角度来看，那些未能实现健康和幸福目标的人应该进行自我反思，可这没有考虑到一个可能性——他们或许存在身体缺陷，或许承受着社会的不公。其他一些社会学家和心理学家认为，在过去的60多年里，人们不再盲从传统的生活方式，对于如何塑造自己的生活，人们有着更多的选择，但是这些选择也会带来不确定性。在这种背景下，自我追踪设备确保我们可以把握自己生活中出现的机会，并顺势而为、抓住它们。你可以变成一个"优化后的人类"。于是，我们最大的威胁已不再是细菌、病毒或自然灾害，而是来自我们无法控制自己。健康分析公司Dr Foster Intelligence的共同创始人罗杰·泰勒（Roger Taylor）提出了这样的观点。

竞争对于自我提升来说是一个很有效的刺激，正如我们所见，市面上很多智能追踪设备都允许用户在排行榜中将自己的表现与其他人进行比较。这说明，获得成就可能是自我追踪的另一个动机。但对某些人来说，获得成就的愿望似乎盖过了自我提升的愿望，甚至会导致一些不诚实的行为。《华尔街日报》报道说，人们坦言自己曾将运动追踪设备挂到仓鼠轮子、电动工具、吊扇和他们的宠物狗身上（以获得虚假数据）。大约在一年前，在英国某个展示参与者每月步行数量的排行榜上，一位用户声称他每月走了500多万步。这可惹恼了那些为了争夺第一，运动到脚和大腿都疼痛难忍的人。500多万步？这意味着每天要步行100英里（约161千米），日复一日、月复一月，从不间断。据此人的其他数据显示，他的活跃时间为每天23个小时。也许他家有一只过分活跃的宠物？

量化我自己

一些"量化自我"的支持者坚信数字就是人们生活的精准记录。比如我并不觉得有压力，但手环上显示我有，那我就应该相信手环所说的。我们的感觉、判断和记忆，据说都不可靠。很多针对判断力和记忆力的心理学研究支持了这个观点。阿莫斯·特沃斯基（Amos Tversky）和丹尼尔·卡尼曼（Daniel Kahneman）因其研究工作而闻名于世，在研究中他们展示了所谓判断力的偏差，并将其类比为视觉错觉。例如，我们的回忆会受到近期特殊事件的影响从而产生扭曲。我们会看到不同现象之间本不存在的相关性，我们还会在随机事件中找出本不存在的规律。透过一个被我们当下的心情和情绪所包裹的镜头，我们目睹了所谓的现实。莫妮卡·黑塞（Monica Hesse）于2008年在《华盛顿邮报》专栏中曾说过："计算机是不会撒谎的，但是人会。"

相比之下，数字测量值不受情绪和心理因素的影响，因此更精确。它们带来了一种确定性，让人着实欣慰。有人认为，通过分析它们，我们就可以发现前所未见的规律和相关性。或许我的应用程序揭示了我的幸福度总在周五早上下降，于是我可以开始探究其原因。又或许我夜间清醒的时长与我第二天的血压有相关性，那么我应该研究一下该如何改善睡眠。更棒的是，如果将个人数据汇总到数据库之中，那有可能会发现更多有价值的因果关系。

加州大学圣地亚哥分校的物理学家拉里·斯马尔（Larry Smarr）想要监测自己的体重和饮食。因为身材走样又属于糖尿病的高危人群，他参加了一项个人血液检测服务，以追踪他血液中Omega-6与Omega-3脂肪酸的比例。检测中生成了大量的数据，他在数据之中发现，C反应蛋白这项指标总是显示异常。这使得他进行了更深一步的检测，直至最后他惊奇地发现，自己原来患有克罗恩病。在2012年的一次研讨会中，他说道："那种所谓你可以感觉到你体内正在发生什么的想法，在认识论上就是错误的。你压根儿做不到。"现在，斯马尔会对季度或年度血液测试中采集的一百个变量进行追踪并绘制相关的图表。

对于热衷于"量化自我"的人来说，身体就像是一部机器，可以像汽车发动机那样提供运行读数。有些人甚至提出了"身体仪表盘"的概念。当将幸福水平、心情和社交活动质量一并考虑时，或许"日常生活仪表盘"这个概念会更贴切。但也有人批评了这种"还原主义"的趋势。"好好生活！"前任坎特伯雷大主教罗文·威廉姆斯博士（Dr. Rowan Williams）在英国广播公司电台4频道上发表讲话时建议道。其实我们个体特征和身心健康的诸多方面都被排除在了"仪表盘"的显示范围之外。有一些是因为无法测量或不易测量；还有一些则是由于自我追踪技术所反映出的是设计者的关注点和价值观。如设计者们主要是"生活在北半球的高薪、异性恋白人男性",苹果智能手表(Apple Watch)初次面市时就没有设计月经周期监测功能。

有些人担心,应用程序设计者决定加入那些测量内容的主要依据,是应用获取的信息在出售给第三方时可以获取利润。有几家保险公司就对获取用户使用数据展现出了极大兴趣,并与应用程序开发商签下了协议。也有人担心,设计者看重的是如何最大化销量或激发持续性互动(与应用程序之间的、非用户自愿的互动),而非改善用户的健康或亲密关系的质量。这样一来,他们可能更倾向于以那些易于理解的或普遍流行但未经证实的健康观点作为测量重点。例如,鲜有研究发现卡路里计数应用程序真的可以帮助人们减肥。

测量这个行为本身也会导致结果的扭曲,并创造出另一种现实。在"量化自我"的网站上,一位名为杰夫·考夫曼(Jeff Kaufman)的参与者描述了自己为期一年的幸福水平自测的经历。他的手机每天会不定时地提醒他,以1~10的分值记录自己当下的幸福水平。他写道:"与其思考'我现在感觉怎么样',不如去想'上次差不多的情况下我写了6分,那我这次还是应该写6分才对'。"但他还补充了一点:"如此诚实地对待自己同样会让我更不快乐。"还有人会担忧,这种对健康因素的强制测量会使人患上疑病症,或这种强制测量本身就会导致不幸福感,因为它会让人一直承受着需要不断自我优化的压力。"早起体重涨了一磅?你太胖了;有一天没去跑步?你太懒了⋯⋯"另一位参与者如是写道,她说自己放弃的原因就是希望监测工具以后"不再是一种折磨人的刑具"。"数字日记"的记录者们甚

━ 信息差
╬ 看透大数据背后的底层逻辑

至可能会感觉自己对生活缺乏控制——这与自我追踪本来的目的背道而驰。

哪怕我们生活中的方方面面都能够被精确测量，也会出现问题，整体数值也可能比各个部分的总和大一些或小一些。我们应该知道，健康不完全建立在一堆医疗和物理数值上。身体好也不等同于你每周行走的步数多。狄博拉·勒普顿（Deborah Lupton）指出，也许数字看起来是科学、中性和客观的，但在某些产品中，形成这些数字的那个算法却隐藏在"黑匣子"里。因此，我们可能无法知道他们在进行计算时做了什么假设，是否或多或少地强调了某个数字。例如，应用程序A结合呼吸监测值和身体移动数据来生成1~100分值的睡眠质量分数；应用程序B则采用了16种营养物质的摄入量和锻炼数据来计算用户的每周健康分数。有了自我追踪，这些精简的测量值取代了我们生活中的繁杂，生活就此被简化为毫无生气的字节流。白俄罗斯作家、思想家叶夫根尼·莫罗佐夫（Evgeny Morozov）等评论家声称，当今世界存在一种危险，使我们不再笃信主观经验，而是听信于数据评估结果。

实际上，那种认为自我追踪者都是自恋、痴迷于数字的书呆子，他们的生活均已被简化为数字、图表和仪表盘的想法，是有失偏颇的。虽然可能有少部分人符合这个描述，但证据显示，自我追踪者是一个多样化的群体，对于其中很多人来说，数字只不过是对他们生活的补充。荷兰马斯特里赫特大学的塔玛尔·沙龙（Tamar Sharon）和阿姆斯特丹大学的多里安·赞德伯根（Dorien Zandbergen）对自我追踪者进行了深入研究，发现其动机是千变万化的。但大多数人认为他们自己的直觉感受和数字之间是相辅相成的关系。

对于这些人而言，把追踪数据和直觉结合起来，帮助他们完成了期望中的自我了解或提升。毕竟，数字本身代表不了什么：数字需要被人解读，而这个过程中人们就会施加自己的主观观点。其中一位受访者将这个过程称为"数字叙事"——这些数字只是增强了你叙述给自己或他人的内容。正如研究人员所说："量化数据帮助（参与者）将内部世界的感受与问题的各个方面呈现为更加切实和可比较的内容，而感受与问题原本是私人的、主观的、难以触及的。"

研究中还有一些自我追踪者声称，这个追踪过程使他们发展出了第六感，或是对周围环境更深层的感知力。一位一直在追踪自己的食物摄入量的参与者发现，他发展出了一种能力，可以直观地确定一份食物中含有多少卡路里以及它的重量是多少。另一位追踪者说，使用智能追踪设备足够长的时间之后，你就不再需要它们了——你可以用直觉感受预料到它们会告诉你什么。对于这样的人来说，每天收集数据是次要的。它只是一种手段——通过感官训练，培养对生活的敏感度。

就连数字与人的感觉之间的冲突都可能是具有启发意义的。有证据显示，当决策过程中出现直觉与数字的指向相反的情况时，调查冲突产生的原因是很有意义的。比如你要买一辆新车，数据评估结果告诉你，小型掀背车应是你的首选，然而你的直觉却是一辆运动型多用途汽车（SUV）。此时，在衡量这两者差异的过程中，你可以收获新

一 信息差
÷ 看透大数据背后的底层逻辑

的见解，理清思路，能做出更好、更明智的决定。其结果可能显示你的直觉有缺陷，也可能之前的数字有误导性或不完善。而感觉与直觉之间是相对平衡的。既然可以如此分析决策过程中（数字与直觉间）的冲突，那么以类似的方式，探寻自我追踪过程中（数字与感觉间）的冲突可能也会助你收获新的见解。比如我的智能手环告诉我，我睡得很好，有好几个小时的深度睡眠和快速眼动睡眠，但我却感觉很累、头很痛。那又该如何解释这个现象呢？可能是因为卧室不够通风，也可能是我需要补充点水分。

爱情评分系统

浪漫和爱情看起来是最不可能被量化的。在大多数人眼里，给候选人的特性打分并选出得分最高的人作为未来伴侣，应该是件很不浪漫的事情。然而，在那些已经成为伴侣的人当中，很多人却支持"量化关系"。有批评的声音说，这种为彼此评分的应用程序，将伴侣间的关系转变为一种冰冷的经济交换。毕竟，伴侣的价值就体现在他们为对方都做了些什么。爱尔兰国立大学戈尔韦分校的约翰·丹纳赫和他的同事在文章中指出，许多伴侣关系中，对于谁来做家务的分配是不平衡的，而女性往往处在不利地位。文章中认为，由于"量化关系"应用程序可能会突出这些不平衡，对于一些伴侣来说，这可能会引导他们更公平地分配家务，享受更幸福的爱情生活。文章中指出，无论如何，伴侣关系的存在既能作为达到目的的手段（例如财务安全），又能实现其自身内在价值，我们没有理由让这两种动机互相排斥。量化伴侣关系的某些方面并不会影响关系的自发性和非正式性。

那么，自我追踪到底是福是祸呢？理想情况下，智能追踪设备会提供对我们有用的补充信息，帮助我们在生活中做出决策，这在一定程度上增强了我们的健康和幸福水平。可是我们要注意，这些设备生成的数字就像挂在低处的果子，虽然唾手可得，但对于我们的日常生活，它们只能提供一个片面甚至有失偏颇的参考。它们被动且苍白地反映着我们的生活体验，如果我们解读不当，它们就会遮蔽我们的视线，掩盖一些更重要且更隐秘的真相。

如此一来，就会滋生一些毫无意义的强迫行为。就像我刚刚被从一个月度步数排行榜的榜首踢下来了。我讨厌落败的感觉，因此我要确保下个月能重回榜首。我每分钟的静息心率莫名其妙地上升了4次，我最好还是给医生打个电话吧！我的身体告诉我，今晚还是休息一下吧，可是还没有完成今天预定的燃脂目标，我最好还是去健身房吧……

智能追踪设备也许会被宣传成改善我们生活的设备，但它们同样能令我们不堪其扰。

一 信息差
÷ 看透大数据背后的底层逻辑

第六章 PART 6

投票背后的概率指针

不论随机还是非随机抽样,它们所产生的误差范围都是虚构的,且一般来讲这些误差范围都低估了与调查结果相关的不确定性。

惊人调查

"98%的人要求禁止新移民",英国《每日快报》2013年11月1日的头版头条这样声明道,这个大标题就印在该报纸"谦虚"的宣传语"世界上最伟大的新闻报纸"字样下面。《每日快报》还在2015年1月21日的头版告诉过我们"80%的人想要退出欧盟"。2016年1月29日,独立电视台新闻频道(ITV News)报道称:"在发达国家中英国年轻人'最文盲'。"

这些惊人的发现都是基于民意调查而来的。只可惜,这类调查作为反映现实的晴雨表,是脆弱的:调查设计或执行中任何一个缺陷都可能会导致指针无可救药地指向错误方向,哪怕最精心构建的调查也只能说大概准确。但如果你需要的只是让指针指向表盘的某一个极端,以支持你的论点或去制造一个吸睛的头条,那一定不需要精心构建;最好还能多用几个"故障零件"。

就拿2015年那条"80%的英国人都愿意脱欧"的报道来说。《每日快报》声称该结论是基于"40年来规模最大的民意调查"而来的。这听上去很厉害,但仅在一年之后,公投结果显示仅有51.9%的人希望脱欧,这让80%这个比例显得实在有点高。所以参与投票的都是些什么人?原来,两名保守党议员和一名议会候选人向他们所在的北安普敦郡的三个相邻选区中的家庭发放了100000份表格。这项行动

第六章
投票背后的概率指针

耗时数月，尽管如此大费周章，《每日快报》办公室仅收回了14581份有效表格。这项调查并没有试图对全英国公众进行具有代表性的横截面抽样，不仅如此，调查中还存在一项严重风险，就是自我选择偏差（self-selection bias），即"唐桥井的讨厌鬼"[①]现象（或者，以这个例子来说，是"韦灵伯勒[②]的讨厌鬼"）。就像愤怒的人更有可能给报纸写信投稿一样，那些意见非常强烈的人也会更有动力回应这样的民意调查，但他们的观点可能无法完全代表普通民众的意愿。

《每日快报》的编辑一定觉得80%这个数字低得令人失望。他们曾经在其他的民意调查中发现过："99%的人说我们应该脱离欧盟""99%的人说英国不应该在外国援助上花更多的钱"，不过只有"97%的人认为我们应该停止为好吃懒做的家庭支付社会福利"。与议员组织的调查不同的是，这些令人惊奇的数字来自所谓的"巫毒民调"——著名民意调查专家罗伯特·伍斯特爵士（Sir Robert Worcester）创造的一个贬义词，用于描述邀请电视观众或报纸读者对不同选项进行投票且不对样本的代表性进行任何控制的民意调查。在《每日快报》的民意调查中，人们通过拨打两部收费电话的其中一

[①] 英国英格兰肯特郡西部的皇家唐桥井（Royal Tunbridge Wells）作为典型保守派的英格兰中产阶级聚居地而具有一定知名度，"唐桥井的讨厌鬼（Disgusted of Tunbridge Wells）"就是对其刻板印象的体现，多用作称呼向报纸抱怨他们在道德上或个人观点上的不同意见的保守派写信人。

[②] 位于北安普敦郡的一座功能、地位跟唐桥井很相似的，且被五个名字里有"井"的地区所环绕的集镇。

部来投票,这样一来,这些调查纯粹是在一群读者的自我选择之下进行的,而这些读者很可能都是认可该报纸的政治取向的。并且,只要能负担得起电话费,没有什么能够阻止狂热者多次投票。结果就是,报纸头版那个大到占了三分之一版面的百分比数字,几乎没有任何统计有效性可言。

变形的框架

好的民意调查机构会竭尽所能地让预测结果与样本总体的事实相符,但他们无法对每一个人进行调查。只有拥有足够资源的政府有能力进行如此大规模的操作。美国2010年人口普查花费了130亿美元[1](约等于每人42美元[2]),而英国2011年人口普查花费了大约4.82亿英镑[3](人均超过7英镑[4]),雇用了35000名工作人员。即便如此,也无法保证调查结果准确无误。美国1990年人口普查漏查了大约800万人,当中主要是移民和少数族裔群体。十年后的普查中,大约1700万人被重复计算了。当2001年英国人口普查漏查了大约100万年轻人

---

[1] 约合人民币950亿元。

[2] 约合人民币307元。

[3] 约合人民币43亿元。

[4] 约合人民币63元。

时，负责人回应说他觉得他们可能都在伊维萨岛[①]。进行人口普查所涉及的庞大后勤工作也意味着它需要很长时间才能出结果。在选举结束18个月后公布民意调查结果并没有什么用。就像电视台的高管们不会想要等上两年才发现节目的收视率已经暴跌。

通常来说，想要及时获得一个庞大总体的信息，唯一可行的方法就是抽取我们所希望的具有代表性的样本。（在品质管控中要对物品进行破坏测试的行业中，只能选择抽样测试。显然，如果我生产火柴，并决定通过逐一点燃的方式来测试它们的品质，我的生意做不了很久。）可是我们要做何种尝试才能确保样本能准确反映整体呢？首先，建立一个包含总体成员详细信息的列表或数据库是很有帮助的（这称为抽样框）。但说起来容易做起来难。要找到所有喝啤酒的人、牛津街购物者、素食者或者绝对会在下届英国选举中投票的人的完整名单，我会觉得非常难，况且任何可用的名单都可能严重缺乏代表性。

1936年《文学文摘》（*Literary Digest*）的惨败是有史以来最著名的统计灾难之一，导致其发生的主要原因就是一个缺乏代表性的抽样框。那一年，富兰克林·D.罗斯福（Franklin D. Roosevelt）和阿尔夫·兰登（Alf Landon）在美国总统大选竞争中不相上下。时任总统的罗斯福是一名民主党人，他在第一个任期内推出了"新政"政策，

[①] 西班牙巴利阿里群岛中的一个岛屿，以大型电子音乐节和夜生活而举世闻名的年轻人度假观光胜地。

一 信息差
÷ 看透大数据背后的底层逻辑

通过创造就业机会和救济穷人来对抗大萧条的影响。而共和党候选人兰登则是当时的堪萨斯州州长。虽然他对罗斯福的新政也有一些共鸣，但他反对其中被他称为"粗制滥造且浪费社会保障"的内容，而且他觉得罗斯福的政策在失业问题上收效甚微。与之前总统大选时一样，备受推崇的周刊《文学文摘》决定进行一项民意调查，该调查覆盖了1000万美国人——一个巨大的样本数。周刊告诉读者他们将会预知选举结果，且误差在"实际普选票数的1%之内"。于是，超过200万人寄出了自己的模拟投票，该周刊则信心十足地做出预测，兰登将以压倒性优势赢得57%的选票，拿下48个州当中的32个。然而在实际投票中，罗斯福用61%的得票率碾压了自己的对手。只有缅因和佛蒙特两个州给了兰登多数票。这是美国历史上投票结果最一边倒的选举之一。选举之后的那一期《文学文摘》封面上只写了四个字："深感羞愧！"

可是为什么《文学文摘》的民调会错得这么离谱？首先，最大的可能性是，相比起忽视这个调查的人，那200万回应了这个调查的人更倾向于支持（偏保守派的）兰登，就好比将英国《每日快报》民调中出现的"韦灵伯勒的讨厌鬼"现象搬到了美国，由此给人造成一种对政治格局的歪曲印象。不过，就算全部被调查者都做出回应，这次民调结果也不会准确。该周刊是从自己的读者、住宅电话号码簿和汽车注册记录中选出调查对象的。在20世纪30年代的美国，只有四分之一的家庭拥有电话，出现在这些清单上的人都相对富有，他们从罗斯福的政策中获益最少，因而他们更倾向于投票给兰登。尽管这次民调投入了巨大的财力、物力，但它缺乏代表性的抽样框表明了它从一开始就注定会失败。至少，活到100岁的阿尔夫·兰登从这场历史性的失败和广为人知的选举预测中得到了一些安慰，他说："如果当时结果很接近的话，或许他们早已经把我忘了。"

选谁来做样本

如果调查者能够获得一份准确列明样本总体的抽样框，且当中没有过多的遗漏或重复，他们便可以选择进行随机（或概率）抽样。说白了，就是给列表中的每个个体赋予一个数字代号，然后像抽奖一样随机地选出一组数字[①]。这就表示，我们可以计算出总体中的任何一个个体被抽中成为样本的概率：如果要从100万人中抽取2000人进行调查，每个人被抽中成为样本的概率就是2‰。因为每个人被抽中的概率是相同的，就不会出现偏向于从富人、男性或受过高等教育等某一类人群而进行抽样的系统性偏差。

在实际操作中，抽样并不是真的从抽奖箱里抽出一个个折起来的写着数字的小纸条，通常样本的选择是由设定了能够生成随机数字的计算机完成的。我曾经认为这些数字来自计算机内无尽深处的某个

[①] 在随机数字拨号（RDD）中，计算机随机选择并拨打电话号码，以期待能对接电话的人进行访问。

旋转的轮盘，但实际上大多数计算机只能产生伪随机数[1]。它们是看上去随机的数字，但实际上如果你知道生成这些数字的算法，你便可以预测它们。举个例子，数学家兼计算机科学家约翰·冯·诺伊曼（John von Neumann）提出过一种老式的方法，即从一个所谓的种子数（n位数）开始，计算其平方值（2n位数，位数不足2n时前面补0），然后将位于中间的数字（n位数）视为随机数。比如种子数是38，它的平方是1444，那么44就被当作一个随机数挑选出来，如果刚好你在名单上是44号，那么你就会被抽中参与调查。接下来，我们再把44平方，得出1936，那么下一个"随机数"就是93，以此类推。然而，这个方法有其严重的局限性。因为一旦生成了数字00、50或60，这个方法就会在那个数字上"循环"（比如50^2=2500）；而如果生成的数字是24，那么每两轮就会重复这个数字（24^2=576，取0576中间的数字57，而57^2=3249，结果这个数列就成了24，57，24，57……）。

多年来，人们开发出了更多更复杂的随机数生成方法，但没有一个是真正完美的，而一些常用的软件，比如微软电子表格（Microsoft Excel），仍在沿用过时的方法。这就使得我们无法确保列表中每一个人被抽中的概率是相同的。（即便如此，加拿大最近还是使用Excel

---

[1] 英国的有奖债券（premium bond）计算机ERNIE（电子随机数识别设备，Electronic Random Number Identification Equipment的首字母缩写）确实能产生真正的随机数。其最新版本使用量子技术从光中产生随机数。

从10万名申请人中"随机"挑选出了1万名可以获得永久居民身份的人。)

就算抽样过程真能做到随机，避免了系统性误差，我们依然无法担保其一定是总体的具有代表性的抽样。哪怕样本总体囊括了所有收入水平、性别和年龄的人，依然有可能会出现从抽样箱里抽出的人刚好都是富人、男性或20岁上下年轻人的情况。不过，如果知道总体的组成结构，我们就可以通过分层的方法（即分层随机抽样）来增加抽样的可信度。举个例子，如果总体中55%是女性，而我们需要选出一个100人的样本，我们就可以把所有女性的编号放进第一个抽奖箱，所有男性的编号放进第二个抽奖箱。从第一个抽奖箱中抽出55个样本，第二个抽奖箱中抽45个样本的做法，就可以确保这个样本反映了总体的组成结构，起码在性别这个层面上是可信的。然而问题在于，想要采用这个方法，我们不仅要有所有人的名单，还需要知道他们的性别（甚至还可能需要其他信息，比如年龄、社会阶层）。有些时候，这些信息可以作为调查的一部分，随后再对结果进行调整（或重新加权），以补偿样本中代表性不足或过多的群体[1]。

---

[1] 在像英国这样投票不是强制性的国家，民意调查人员在获取数据时也面临着一个具有讽刺意味的问题。努力在成年人中获取具有代表性的横截面抽样似乎是明智的。但其实成年人的人数与实际投票的人数不同。人们可能会告诉民意调查员他们会去投票，结果在选举之日又决定待在家里。只有66%的合格选民参加了英国2015年的大选，而且这些选民往往年龄更大、更富裕且受过更好的教育。在选举之夜，最终的选举结果对民意调查者和政客来说都是令人震惊的。

— 信息差
÷ 看透大数据背后的底层逻辑

相比于将人们从抽样框中挑选出来，再试图联系他们，将调查范围控制在那些可以立即访问到的人身上则容易得多，因为进行调查时他们可能刚好就在街上或是在家里。这种情况下，决定某人是否该纳入调查样本中的就不再是概率，而是调查员本人。为了确保调查员不会只针对某些特定类型的人进行调查，民调公司通常会在不同年龄段、性别和社会阶层中设定需要访问的人数配额（此方法被称作配额抽样）。与分层抽样相同，这些配额的大小也是用来反映目标总体的构成的。举例来说，2017年的时候，英国成年人口中大约有11%是65岁以上的女性，因此在一个1000人的样本中，调查目标就应该是访问110位该年龄段的女性。然而，由于到底调查谁最终是由调查员决定的，我们便不再会有一份每个人被调查到的概率都相等的随机样本。我们同样也不能计算出每个人被调查到的概率，因为调查员在街上可能更多会选择拦下看起来友善或显得不紧不慢的人。在商业街上进行的调查更容易访问到购物狂，而不会是那些懒得去逛街的人。而当调查员在特定时间段通过拨打住宅电话进行访问时，类似朝九晚五的上班族和青少年等人群，则不太可能会在家里。

有一些传闻提到过调查员因为发现自己被分配的限额几乎不可能完成而惊恐万分，抱着最后一丝希望走街串巷地寻找任何一个符合配额描述的人。巴克·布坎南（Buck Buchanan）是美国盖洛普公司早期的一位配额抽样调查员，他表示自己曾经有为了将某人塞进未完成的配额类别而模糊其年龄或收入水平的冲动。有些时候，调查员因为实在不好意思询问这些私人问题，干脆编造信息。还有些人，虽然符

第六章
投票背后的概率指针

合配额人群描述,却对调查员充满敌意。布坎南回想起一位农场主在回答某个问题时怒吼:"这跟你有什么关系!"当布坎南坚持问下去的时候,农场主拿出枪指着他,"你个混蛋,现在就出去!不要又回来这里问我要给谁投票!出去!"于是,布坎南把他标为了共和党选民。

如今许多舆论研究是在网络上进行的。你不必花钱请调查员在大街上调查,或者冒昧地敲开别人家的门,打断他们看最喜爱的电视节目。(当然也有人很乐意被访问。我的一位前邻居做调查员时,有一位老太太应了门。"快进来!"她微笑着说,"这可是五年来第一次有男的来我家呢。")而且不同于电话调查,你可以避免浪费数千通无效电话,也不用听到对方用怀疑的声音态度恶劣地将电话挂断。2015年夏天,盖洛普公司同意支付1200万美元[1],以了结一起由该公司未经请求呼叫的人提起的集体诉讼。(但盖洛普公司否认存在任何不当行为。)

然而,网络调查也有它自己的问题——无法从网络用户中划定需要的抽样框,也无法像生成随机数那样生成随机邮箱地址,就算可以,大部分人也会将未经请求的邮件信息当作垃圾处理。这样就导致调查人员需要寻找其他方案,而这过程中就有可能产生误导性的结果。

一个常用的方案是让被调查人员自愿加入小组。网络用户通常通

---

[1] 约合人民币8760万元。

过网页被招募为小组成员，并同意在未来接受调查访问。而后调查机构便会从小组成员中为特定调查挑选随机样本。小组成员一般都会因自己的回复而得到奖励。举个例子，在英国，调研机构Opinium邀请人们"注册并成为40000多名会员中的一分子，就每天的热点话题发表自己的意见并获得报酬"。在美国，哈里斯民调（Harris Poll）则敦促人们"加入会员，并开始为你喜爱的品牌赚取优惠奖励"。虽然特定调查通过这些小组所选取的受访者是随机的，但是小组成员本身肯定不是一般人群这个总体的随机样本。那些会选择加入小组的人往往更年轻、能够熟练操作电脑，但手头不太宽裕。在政治性民意调查中，受访者通常更乐于参与政治活动。而且还有被称作"专业受访者"的人，他们会报名参加多个民调小组，答题时大多会不假思索地匆忙完成，以求尽快拿到他们的奖励。当然，并不是说年轻、能够熟练操作电脑或乐于参与政治活动的人，在某些问题上的回答就一定不能代表一般大众的意见。在民调小组成员的意见与一般人群没什么出入的情况下，这种自愿加入的小组可以像随机样本一样有效，尤其是在根据小组成员的构成将抽样稍加调整之后。而且，当一些人不对调查做出回应时，随机抽样就可能受到影响。过去的几年中，电话随机访问的回复率就一落千丈。美国的一项研究发现，有效回复率从1997年的36%下降到了2013年的9%。选择回复随机抽样调查的人，也像那些小组成员一样，是自愿回复的。

第六章

投票背后的概率指针

> 117

传说中的误差范围

从理论上来讲,与非随机抽样相比,随机抽样具有一项关键优势,那就是由于知道总体中任何一人被抽中的概率,我们便可以计算抽样的可信度。举个例子,我们可能会说,一项基于1000人的随机抽样民调结果,其误差范围是 ±3%,这表示我们几乎可以肯定,真实的结果与我们预计的相差不会超过3个百分点。而且样本越大,误差范围就越小:如果抽样人数是2000人,误差范围可以达到 ±2%。然而,对于非随机抽样,我们无法进行这样的计算,因此我们就无法知道调查的可信度是多少。在配额抽样中,调查员在选择访问对象时的随机性违反了数学测量的原则。而使用自愿加入的小组时,我们并不清楚总体中有人会被鼓舞而加入这个小组的可能性有多大。尽管如此,民调专家还是经常公布调查的误差范围,哪怕那些调查并不是随机抽样的。

在实际应用中,不论随机还是非随机抽样,它们所产生的误差范围都是虚构的,且一般来讲这些误差范围都低估了与调查结果相关的不确定性。在随机抽样中,不完整或不准确的抽样框以及受访者无应答都会使调查结果的可信度下降,然而这些因素却没有被纳入计算中。当民调的结果被进一步按组别细分,比如男性和女性或者21岁以下和50岁以上等,组别内的样本数量就会变小,而相应的误差范围就会变大。这些相对较大的误差范围则很少被公布出来。数学方法还告诉我们,估计误差范围应该要取决于做出某种回答的人的比例,

— 信息差
÷ 看透大数据背后的底层逻辑

因而针对调查中不同问题的结果，其误差范围应是各不相同的。对于非随机抽样，所谓的误差范围就更没有可信度了。除了上述问题，非随机抽样的误差范围还明目张胆地用"样本是随机的"这种错误假设当作计算依据。

让人更担心的是，还有另一种可疑的操作可以使调查看起来比实际上更"可信"。在大选期间，当民调机构感受到身后来自公众的注视，他们会觉得如果自己的结果与其他竞争对手的相去甚远，那么自己就暴露了。万一其他人的预测都准确，只有自己错得离谱怎么办？这促使一些民调机构调整自己的数据以求更贴近其他民调的结果，即体现了"羊群效应"。其结果就变成了一种虚幻的准确：如果所有民调都显示相同的信息，那它们肯定是发现了某些背后的真相。在2019年澳大利亚联邦大选之前的几周，"羊群效应"出现的迹象就十分明显。多家民调结果之间相差竟不到0.25%，而且它们都显示：比尔·肖顿（Bill Shorten）所代表的工党，会战胜在任的由斯科特·莫里森（Scott Morrison）领导的自由党—国家党联盟。但是，就像来自塔斯马尼亚的独立分析师凯文·伯翰（Kevin Bonham）所指出的，选举民调中有非常多的不确定性，它们的结果极不可能如此接近。但不管怎样，那些民调机构自己都会声称其结果的误差范围只有2%~3%。而最终，莫里森出乎意料的胜利让所有民调机构都遭遇了信誉危机，许多评论界和政界人士都因此呼吁取消这些民意调查。

"标题党"这样诞生

2008年10月的《拉斯维加斯评论报》(Las Vegas Review Journal)有这样一则头条:"民调显示海勒大幅领先。"这是在说即将到来的内华达州选举。民调结果显示共和党候选人迪恩·海勒(Dean Heller)将会获得51%的选票,而他的民主党对手吉尔·德比(Jill Derby)只能获得38%。不过,此次民调规模出奇小,只有221位注册选民参与了调查,且调查结果估计误差范围在±7%之间。就像之前我们提到过的,这个误差范围很可能是被低估了的,但假设我们相信它是真的,德比也可以获得至多45%的选民的支持,而海勒的支持者也可能只有44%,因此德比也许是领先的。如果调查的真实误差范围更大一些的话,德比领先的可能性还会更高。

然而这种环绕着民调结果的不确定性并不会登上头条,于是便产生了人们对结果准确度有错误印象的问题。记者时常跟踪报道民调的动态变化。在2018年9月5日,英国《独立报》(The Independent)报道:"调查显示杰里米·科尔宾(Jeremy Corbyn)所在的工党支持率为41%——高于7月份的40%。"这位工党领袖或许会因此深受鼓舞,但这1%的上升也许只是一种噪声——一种完全在误差范围内的随机误差。如果你取两个样本来分析,它们得出的结果通常会略有不同,但是总体的观点并没有发生改变,这只是由于回答问题的人不同而已。只有结果发生很大的变化,才会排除随机误差的影响。

瑞典和丹麦的不同研究都发现,报纸经常通过为民调结果中可能

— 信息差
÷ 看透大数据背后的底层逻辑

出现的随机的小变动提供政治解释来混淆视听，加剧公众舆论仿佛发生了变化的错觉。"A候选人在上周的辩论中表现平平，导致其领先优势降低了2%。""民众对B候选人减少所得税的承诺表示欢迎。这使得其民调支持率上升了3个百分点。"我们无法忍受随机性，因此媒体热衷于为它配上解说，而这也不仅发生在民意调查中。财经版面每天都为股票走势图上的曲折反复提供背景故事：巴西收成欠佳或者美国加息预期。在曼联连续三场球赛惜败后，体育评论员急切地为队内突发问题做出解释。然而，根据英国华威大学经济与政治学教授克里斯·安德森（Chris Anderson）的说法："与其他团队运动相比，足球更多依靠的是运气和机会。"

我们不能完全责怪媒体把民调中毫无意义的变动演绎成故事，或者责怪他们对自己调查结果中的不确定性毫不在意。我们将在第九章中讨论：多彩的故事比单调的数字更能吸引我们的注意力；而相比一个笼统的范围，单个、确定的数字能更好地支撑故事内容。"工党在民调中领先4个百分点"看起来是一个能吸引我们读下去的标题。"民调显示，在95%的置信度下，工党的领先值在 –1%～9%"则很可能让我们只想要跳过这一页。在一个海量信息争夺我们注意力的世界里，单个的数字更容易被人们接纳。

尽管如此，有证据显示，当我们意识到事情的不确定性，知道只用一个明确的数字是不合适的时候，我们会接受以范围显示的预期值，只要这个范围不是太宽。但是，一旦这个范围大于某个限度，我们的忍耐力就会消失。过宽的范围会被认为是信息不足的，哪怕它们准确表达了调查结果中所包含的不确定性。在一项研究中，人们得到了以范围表示的联合国成员国数量的估计值。哪怕正确的数值是159（1990年数据），90%的参与者还是认为，150~160这个范围比更宽的50~300的范围更好。鉴于民意调查中的实际误差范围（如果可以计算的话）可能会让结果的范围变得很宽，大多数人更愿意相信标题中的数字。

记者和读者是否能将民意调查数据视为公众情绪准确、真实的反映，真的那么重要吗？有充分的证据证明这很重要。民调会左右人们的观点，决定政府政策和议程，并对选民的行为产生直接影响。明尼苏达大学的本杰明·托夫（Benjamin Toff）从两次实验中发现，一些人会倾向于遵循民调所显示的大多数人持有的观点。有一项民意调查的结果显示大多数人支持对垃圾食品征税（该民调结果实际上是为了实验目的而虚构的），而看到过这个结果的人支持这项政策的概率比没看过的高9%。

另外，在选举中，当一个政党的支持率上升或以微弱优势领先时，民调可能会产生从众效应，从而增加此前未表态的选民的支持率。许多国家都出现过类似的支持率激增情况，包括英国、荷兰、法国、奥地利、丹麦和德国。哈佛大学的托德·罗杰斯（Tod Rogers）和加州大学伯克利分校的唐·摩尔（Don Moore）声称，民调也可能产生"劣势者效应"。这种效应有利于在民调中以微弱劣势落后的候选人，因为它激励了那些坚定的支持者，使他们认为微小的差距是可以努力弥补的。

当心指针失灵

近些年，民调专家都备受打击。但南安普顿大学的威尔·詹宁斯（Will Jennings）和得克萨斯大学奥斯汀分校的克里斯托弗·弗莱津（Christopher Wlezien）分析了1942~2013年，在45个国家中进行的338次选举的26000余次民意调查，他们发现并没有证据显示民调的整体准确性降低。如果说有什么变化的话，准确性还略微提高了一些。他们认为，没有证据支持民调危机这种看法，个别备受瞩目的灾难事件并不意味着整个民调行业都陷入混乱。

不过，这也不代表今时今日的民意调查都精确无误，让我们可以对头条中的数字坚信不疑。它只能说明现在的民调水平与80年前的差不多，而且它只适用于选举民调的情况。因此，当一份报告告诉我们，在英国接受调查的人中，有74%的人表示他们一生中至少使用过一次可卡因，而在全球这一比例为43%；英国人平均每年喝醉51次，而全球的平均数为每年33次，这时候我们便需要质疑接受调查的是谁，他们是如何被挑选出来的，并记住，即使是最精心设计的调查也可能偏离目标很远。调查数据容易让人上头，"摄入过量"可能会让人看起来相当愚蠢。

就算一个样本可以做到几乎完美地代表一个总体，对于这种调查数据稍加小心依然是很明智的。扭曲的样本并不是唯一导致民调结果偏离事实的因素。就像我们在下一章中即将看到的，当面对与生活方式相关的问题时，例如酗酒或吸毒，以及我们生活中的许多其他方面，我们当中的许多人都做好了说谎的准备。

第七章 PART 7

"你幸福吗"与指数测量

大部分人在很多情况下其实并没有真正的偏好或态度。我们脑子里有的只是一大堆不成熟的和不怎么一致的想法、观点。

1到10分，你打几分

一位中年男性调查员在街上用英超后卫般的灵巧步法拦住了我——将我拦在一家文具店的玻璃窗前，我甚至来不及想出一个不能接受访问的借口。

随之而来的是连珠炮一般的问题，涉及我对英国政府拟定的各种各样政策的态度，我如何评价那几个有可能成为未来首相的政客，以及无数其他话题。就在我咆哮着对复杂如气候变化和国际救援等话题做出快速回答的时候，我感觉到调查员那双聪明、一眨不眨的眼睛隔着半月形的眼镜仔细打量着我。给这个打"4分"，给那个打"5分"，回答了很多个"是的"，少数答道"5分：非常同意"，偶尔答道"这只能给1分：非常不同意"，但是我从来没机会说："请问能否给我一个小时去研究一下这个复杂的问题然后再回答你。"

有时候我觉得同样的问题又来了一遍，只是问法略有不同。我想，天啊，如果我的回答跟之前不一样，那我看起来得有多傻，可我之前是怎么回答的来着？偶尔，调查员提供的备选答案与我想要的回答都不相符，那我就随便选一个答案。接着他便开始问我关于个人兴趣爱好的问题。我猜测，20世纪70年代流行音乐和足球定不会与这位调查员产生共鸣，所以我的回答仅限于巴洛克音乐、对开大报纸上的纵横字谜，以及国际旅行（但我补充道，我不去主题公园）。可是

第七章
"你幸福吗"与指数测量

调查员手中的问卷上只有"旅行"这个选项，所以他将我其他的回答写在了"其他，请注明"的下面。

与这位调查员分别后，我感到一丝尴尬和内疚，我可能没有如实地表达自己的想法。我感受到了一种需要对我不曾思考过的问题表达强烈见解的压力，而我的目标变成了"如何让这位完全陌生的调查员相信我是一个有智慧的、理性的人，让他知道他没有选错调查对象"。我怀疑其他人可能也有同样的感觉。然而现在越来越多的数据是通过收集我们的主观评价而获得的，或以个人访谈的方式，或以邮寄问卷或互联网调查的方式。我们通常被要求用数字范围对问题做出评价，于是有温度的情感及丰富而复杂的感知，都不得不被转换成冰冷、零落的数字。

当然，自打人类发明了钱，我们就已经在对数字做主观判断了。这头猪值50格罗特（groat, 欧洲旧时货币）吗，或者那袋土豆值2弗罗林（florin, 欧洲旧时货币）吗？但现如今数值测量范围已然扩大到了原本属于定性分析的范畴，比如幸福、痛苦、偏好的程度，对某一观点的认同程度、体验感、能力及艺术价值。例如，你对自己的生活有多满意？从1（糟糕）到5（美好）打分。从1分到10分，你做内窥镜检查的痛苦程度是多少？为你在河景酒店的入住体验按1颗星到5颗星进行打分。你准备花费人生中多长时日来治愈你的腰背疼痛？更何况，诸如此类的问题所获得的主观判断可以决定生意的成败、影响医学实践、左右慈善捐款的去向、令员工被解雇或被提拔、决定你是否通过某项考试，甚至可以影响政府的政策。那么它们是否可信呢？

— 信息差
÷ 看透大数据背后的底层逻辑

值得怀疑的回答

时间回到20世纪50年代，一个名为Color Research 的美国机构对于"自己的调查结果看起来十分不可靠"深感困惑，于是该机构决定进行一系列实验。在其中一项实验中，人们被问到如下问题："您是否曾向个人贷款公司借过钱？"所有的受访者都回答没有。其中一些人几乎是咆哮着回答的。然而这些受访者之所以被选中，就是因为他们出现在了当地某借贷公司的客户名单中。还有研究发现，美国大选中约25%的非选民在大选刚结束后的采访中回答自己投了票。

如今的市场研究者和其他进行调查的人员都清楚，人们会有意无意地给调查提供虚假回答。问题在于，虚假回答的不真实程度很难被预估，也很难被过滤掉。其中的一个后果就是，1992年英国大选中民意调查的灾难性表现。当时由约翰·梅杰（John Major）领导的保守党非常不受欢迎，并且因一连串的性丑闻大受冲击。结果，那些后来被戏称为"害羞的托利"①的人都不愿意在民调人员面前承认自己将要给保守党投票。在大选前夕，民调显示反对党工党的支持率领先1%，该党领袖尼尔·金诺克（Neil Kinnock）备受鼓舞，在谢菲尔德的一次集会上表现活跃。最终的事实证明，金诺克的愉快来得并没有根据。第二天，梅杰以7.6%的领先优势保住了首相之位。

人们在接受关于生活方式的调查时，更倾向于依照所谓社会能够

---

① 英国保守党也被称为托利党。

接受的方式组织自己的回答，比如被问到有关饮酒习惯或消费选择的问题时。

酒精摄入量是一个人们倾向于"有所保留"的话题。从大众当中调查得到的饮品销售额，往往远低于饮品公司或税务机关计算的实际销售额。一部分原因是重度饮酒者可能会一开始就拒绝参与此类调查，而那些实际参与了调查的人似乎都不怎么记得自己最近喝了多少酒。一项澳大利亚的研究显示，平均来讲，人们会低估自己的酒精摄入量达40%~50%之多。年轻男性和中年女性在这方面都远远"低估"自己。

接着便是消费选择的问题。经济学家玛丽亚·洛雷罗（Maria Loureiro）和贾斯图斯·洛塔德（Justus Lotade）在科罗拉多州的超市进行了一项调查，询问人们愿意为那些标注着"公平贸易"或以环境友好方式生产的咖啡产品多付多少钱。接受非洲裔男性调查员访问的人表示自己愿意额外支付的金额，比接受美国白人男性调查员访问的人所说的金额要高出许多。想必受访者希望能让那位非洲裔调查员开心，因为公平贸易和减少环境破坏都能为他的族裔所生活的地方带来好处。还有许多其他例子可以表明，人们嘴上说的对产品或服务的偏好与他们心中实际的选择并不相符，因为他们希望被当作正面形象，不管是从自己的角度还是调查员的角度。在众多研究中，受访者在非转基因食品、电动汽车、本地有机苹果、环保包装的商品、可追踪验证动物信息的牛奶和肉类，以及在当地乡镇商店购物等问题上，都夸大了自己的喜好。

甚至连调查员的衣着打扮都会影响作答。一群游客在参观森林公园时被问到，如果可能的话，他们愿意每年支付多少钱来支持林地保护计划。相比身穿"T恤、齐膝短裤和白色运动鞋"的调查员，人们在面对穿着"剪裁考究的海军蓝商务套装、白色衬衣、领带和黑色皮鞋"的调查员时，通常愿意支付更高的价格。

当然，回答调查中的假设性问题，与真正决定要买什么或花多少钱是不一样的。在调查中提供错误的答案并不会产生什么后果，所以人们也就不会花心思去想如何回答。美国的研究者乔恩·A.克罗斯尼克（Jon A. Krosnick）和杜恩·F.阿尔文（Duane F. Alwin）向人们列出了孩子可能具备的13种理想品质，比如有礼貌或能与其他孩子融洽相处。然后，他们要求人们指出自己认为最重要的3种品质。尽管向每个人提问时这些品质的排列顺序都不同，但排在前面的几个选项总是更有可能被选为"最重要的品质"。

有些时候人们给出错误回答是因为他们忘记了真正的答案。举个例子，你能记得去年交了多少水电费吗，或者你过去三个月平均每月在餐厅和咖啡厅花了多少钱？这两个问题都在美国的一些调查中出现过。其实我们的记忆并不那么可靠。20世纪80年代，荷兰心理学家威廉·阿尔伯特·瓦格纳（Willem Albert Wagenaar）在自己身上进行了一项实验，他发现，自己生活中的事件，有20%的关键细节在一年后无法回忆起来，而这还是在事件发生时他明确表示过这些细节"肯定会被记住"的前提之下。

在其他情况下，人们可能根本不知道问题的答案是什么，但面对调查员给的压力，人们并不愿意承认这点。众所周知，有些人甚至愿意就虚构的问题或不存在的事件发表意见。例如，在一项美国的研究中，人们被问道："一些人认为1975年版《公共事务法草案》(Public Affairs Act) 应该被废除，您是否同意这一观点？"当被要求做出回应时，有接近三分之一的人表达了自己的观点，然而在美国的法律法规中并没有这项草案。无独有偶，在英国的一项研究中，10%~15%的公众针对《货币管制法案》(Monetary Control Bill) 和《农业贸易法案》(Agricultural Trade Bill) 给出了自己的意见（按5分制做出评价），然而这两项法案均不存在。那些表示自己对政治感兴趣的人最有可能对这些法案独抒己见，大概是因为他们觉得一个有政治觉悟的人应该要有自己的观点。

自知之明

人们对自己的观点并不确定的一个标志是"不稳定性"——个人的回应在相对较短时间内出现较大变化。在一项我和森科·贾汉宾（Semco Jahanbin）等来自巴斯大学的同事共同进行的实验中，我们给学生提供了不同种类的消费商品的资讯和图片，包括手机、笔记本电脑和电视机，然后针对每一类商品，我们都会问他们，如果一定要选的话他们更想买哪一款。接下来，我们每隔两个月，连续两次向同样的人询问了同样的问题。对大多数产品，在实验中人们对品牌的偏好都发生了明显的变化。当然，这在一定程度上反映出了每两次实验期间的技术革新，或者有关不同品牌的新闻报道和产品测评所带来的影响。这也可能是因为实验中的选择并不是真实需要的，因此参与者认为这不值得自己花心思去考虑该做何决定。但是其中一些不一致可能单纯是由于参与者压根儿不知道自己的真实偏好是什么。

  被许多人视为"科学之父"的古希腊哲学家泰勒斯（Thales）曾说："生命中最困难的事情是认识自己。"这种困难可能会体现在认识自己的偏好和态度上，尤其面对一些假设类的提问，被要求说出自己更喜欢什么时。我可能会愉快地跟调查员说我喜欢高空跳伞，并且对自己的回复充满自信，但要是真的让我从一万英尺（约三千米）的高空跳下去，我的热情可能也没那么高。我也可能很激动地告诉市场调查员，我绝对会买那辆下个月就要上市的时尚四门电动汽车。但当下个月来到，面对要实打实地拿出25000英镑①的事实，我决定继续开现在这辆5年前买的汽油车。

  一些研究者认为，大部分人在很多情况下其实并没有真正的偏好或态度。我们脑子里有的只是一大堆不成熟的和不怎么一致的想法、观点。当别人问及我们的意见时，我们会被迫根据提问的措辞、当下的环境和近期的经验把那些想法碎片中的一些提取出来，以帮助我们在两个选项之间做出选择。于是乎，我们可能会在不同的情况下对相同的提问给出不同的回答。调查中问题的顺序也会影响脑海中浮现的想法和观点，进而影响我们的答案。在一项著名的研究中，伊利诺伊

---

① 约合人民币22.5万元。

大学的学生们被要求按照从"不太幸福"到"非常幸福"的范围来表示他们的生活满意度。不过，其中一组学生要预先回答一个问题："你对你的恋爱状况有多满意？"而另一组学生则是在评价了生活满意度之后再来回答恋爱的问题。当恋爱问题先出现的时候，学生对两个问题的回答存在显著相关性。那些对恋爱状况满意的人更倾向于给出对生活也更满意的回答，反之亦然。然而当恋爱问题在后面出现时，相关性消失了。似乎被问及恋爱问题会使学生们想起一些什么，进而影响他们对生活满意度的评价。当研究人员询问美国人对当地政府服务的总体满意度时，他们发现了类似的情况。如果人们首先被问到有关具体的公共服务项目，比如公园、学校和交通等，他们对总体满意度的评价则会低于那些先评价总体满意度再回答具体问题的人。

当需要用数字作答时，经常出现一种风险，那就是某个数字被植入了人们脑海中，进而影响他们的回答。心理学家称这个被植入的数字为"锚"，当它一旦进入你的脑海时，你就很难在给出回答时对它进行大的调整。举个例子，如果某人先被问到"你愿意为这个产品支付的价钱，比50英镑[①]多还是少？"随即再被问到"那你愿意为它支付多少钱？"50英镑这个数字就会产生像锚一样的作用，使人们对第二个问题的回答始终接近这个数字。而如果我们的第一个问题是"你愿意为这个产品支付的价钱，比25英镑[②]多还是少？"人们所回答的

[①] 约合人民币450元。

[②] 约合人民币225元。

一 信息差
÷ 看透大数据背后的底层逻辑

数字则可能会更接近25。

　　接着就是调查当中题目本身的措辞问题。题目措辞的微小改变能够对人们的回答产生很大影响。许多美国人都对气候变化持怀疑态度，尽管绝大多数科学家相信气候变化正在发生。这促使当时正在密歇根大学攻读博士学位的乔纳森·舒尔特（Jonathon Schuldt）和他的两位教授开展了一项实验。他们推断"全球变暖"和"气候变化"两种说法会引起人们对这一问题的不同态度。举例来说，他们认为"全球变暖"让人想到气温上升，而这与头条新闻中报道的降雪纪录被刷新或纽约正在经历十年一见的最冷天气看似背道而驰。相比之下，"气候变化"被视作与温度变化相关，而这个说法更容易使人关联到那些在意想不到的时节出现的、有时让城市陷入停顿的雪灾。此外，他们从其他研究中得到的证据表明，"全球变暖"让人联想到人类对气候的影响，"气候变化"则更多地意味着自然原因。研究者指出，虽然"气候变化"一词在自由派智库网站上占主导地位，但保守派智库更倾向于使用"全球变暖"。他们认为这并非偶然。比如说，相对于"气候变化"，保守派更容易找到论据来反驳"全球变暖"这个说法。

　　为了测试在征求美国公众意见时使用这两种不同说法的效果，他们邀请了2000多人回答以下问题：

　　　　你也许听过地球的温度在过去100年间一直在上升（变化）的说法，这一现象有时被称为全球变暖（气候变化）。

关于这个现象是否真的正在发生,你的个人看法是怎样的?

约一半的人看到的问题使用的是括号中的描述。所有的受访人都需要按1分(绝对没发生)到7分(绝对发生)给出自己的观点。正如研究者所预计的,当问题采用"气候变化"而不是"全球变暖"的描述时,明显有更多的受访者给出了5分或以上,这意味着他们认为这种现象正在发生。在对结果的进一步分析中发现,两种描述下产生的差异在很大程度上是由共和党选民推动的。对他们中的许多人而言,简单地将问题中这两个词语调换一下就会造成显著的差异。

除了措辞,能够影响我们答案的还有数值范围。当被问到用数值范围来给出回答时,这个数值范围的设置方式也会显著影响答案。在一项20世纪90年代的研究中,一群具有代表性的德国成年人作为样本,被问及他们在生活中有多成功。评分范围在0分(完全不成功)到10分(非常成功)之间,总共有34%的人选择了0~5分作为答案。然而,当评分范围是从–5分(完全不成功)到5分(非常成功)的时候,只有13%的人选择了–5~0分作为答案。看起来,参与者觉得负数代表着他们的人生中有明显的失败,而0~10分内的低分值代表的只是没有成功。人们更愿意承认自己没有成功,而不是失败。

"国民幸福总值"

你有多幸福?你所生活的国家有多幸福?在过去的20多年中,

幸福指数研究成了普遍现象，一众调查员拿着他们的小本子，为了得到这些问题的回复而满世界地跑。他们可能会提出的典型问题是这样的：

> 请想象一个场景，有一个11级的梯子，从最下面一级到最高的一级依次标着数字0~10。假如梯子最高的一级代表着你有可能过上的最好的生活，而最下面一级代表你有可能过上的最糟的生活。那么你觉得自己此刻正站在梯子的第几级？

而这类问题得出的典型结果如下。2018年世界幸福调查结果显示，芬兰是世界上最幸福的国家，得分为7.632（然而其自杀率和凶杀率在西方世界中名列前茅，且酗酒是芬兰男性死亡的主要原因）。挪威以7.594的分数位列第二。美国掉到第18位（得分：6.886），比英国（得分：6.814）领先一位。位于名单底部的是非洲内陆国家布隆迪，其得分仅为2.905。

如今，各国政府正在依据这些结果来完善政策。自1971年以来，拥有令人叹为观止的风景和古老佛教寺院的不丹，一直在使用国民幸福总值（Gross National Happiness）而不是国内生产总值（GDP）来衡量国家的发展。虽然有些迟，但英国也跟着效仿这种方式，政府现在定期对国家、地区和地方层面进行个人幸福感测量。他们会问人们类似这样的问题："总的来说，你对自己现在的生活有多满意?"以及"总的来说,你觉得你在生活中做的事情在多大程度上是值得的?"人们需要按照从0到10的分值来回答,0代表"完全不",而10代表"完全是"。测量的结果会以十分精准的数字表示。例如,2018年的报告当中强调,在2017年3月至2018年3月,"苏格兰人感觉生活中所做的事情是值得的"平均评分从7.81提高到了7.88。

可是我们真的可以测量幸福感吗?一个精确到两位或三位小数的数字就真的可以用来表示一整个国家的幸福程度吗?就我个人而言,我很难想清楚自己站在那个想象出来的11级梯子的哪一级,或者处在英国幸福感测量中0~10分范围的哪个位置。如果非要让我做决定的话,我的想法很可能会被那些近期发生的、流于表面的和印象深刻的事件所左右,比如一封粗鲁的邮件、与邻居的愉快聊天、某个天气晴朗的日子、一次重感冒,甚至是一杯好喝的咖啡都将会让我在那个想象出来的梯子上爬上爬下,像个擦玻璃的人一样。

我觉得我并不是唯一会这样想的人。心理学家诺伯特·施瓦茨(Norbert Schwarz)发现,当我们被要求对诸如我们有多幸福、某事有多美好或有多危险,或者一句话有多真实等情况做出判断时,我们的评估会受到当下的感觉和情绪的影响,即使这些感觉和情绪与我们要判断的问题并无关联。举个例子,比起一篇晦涩难懂的文章,我们可能会认为一篇简单易读的文章更真实可信。同样,我们可能会认为一种单词发音更难的食品添加剂更危险。施瓦茨在曼海姆大学(Mannheim University)读博士时进行过一项被广泛报道的研究,他采用问卷的方式让人们说明自己的生活满意度。在参与者开始填写问卷之前，施瓦茨都会让他们去复印一张东西。有一半的参与者都很幸运地在复印机上找到一枚硬币——施瓦茨故意放在那里的。这明显出于偶然的发现带来了短暂的情绪高涨，但却足以让他们对自己整个人生的评价都更为满意。

正如前面所见，问题的措辞及其在问卷中的位置都可以对人们的回答产生显著影响。例如梯子问题中所指的"你有可能过上的最好的生活"。这个描述可能会唤起人们对理想中的同时也可能是无法企及的生活的想法。由于我们中的大多数人都会觉得自己的生活与理想中的相去甚远，于是这个问题本身就会压低我们对幸福感的评估。这是一个大概率事件，因为心理学家早已证明，我们在不如某个参照物时所感受到的痛苦，远大于我们比那个参照物更好时所感受到的愉悦。生活在相对贫困国家中的人，可能会在看了类似《老友记》（Friends）这样描写美国中产阶级优渥生活的电视节目之后，感受到自己距离梯子顶端还有很远的路要走，即便他自己的生活其实很幸福。

甚至连针对个人幸福感进行提问也会产生负面影响。就像约翰·斯图尔特·密尔（John Stuart Mill）说过的："问自己是否快乐，自己便不再快乐。"当提问引发人们对平时藏在内心深处的东西进行思考时尤为如此。对身患严重残疾（例如截瘫）的人士进行的行为观察表明，他们其实可以像普通人一样享受生活。当他们适应了自己的身体状况，便不会再时时刻刻想着这件事，而是接着继续过自己的生活。然而，当某个问题让他们想起了自己的身体状况，他们所给的评价就可能会更加悲观。

还有一个问题,就是对于幸福感的定义,尤其是跨文化、跨语种进行比较的时候。类似"生活满意度"和"快乐"等说法经常与"幸福感"一词交换使用,但它们可能代表不同的东西。比如一些研究者认为,幸福应该是从获得快乐和避免痛苦的角度出发的。而其他人认为幸福反映的是一个人的生活意义和自我实现程度。甚至连"快乐"(happy)这个简单的词都无法在不同语言中找到一致的翻译。正如丹麦经济学家克里斯蒂安·比约恩斯科夫(Christian Bjornskov)所指出的那样,这个词在法语和俄语中翻译出来的意思都是快乐以及幸运,而丹麦语翻译的意思比英语中的情感更强烈。虽然如此,在各类国际幸福感排行榜上,丹麦依然经常名列前茅。

那么,一国政府成功与否,应该以这个国家在这类排行榜上的位置来判定吗?政府政策又是否应该以提高幸福感得分,而非提升GDP为目标呢?幸福测量的倡导者们认为,答案是肯定的。例如,伦敦经济学院的理查德·莱亚德勋爵(Lord Richard Layard)认为,虽然对幸福感的自我评估存在之前我们讨论的那些限制,但它依然与一些客观测量值有很强的相关性,如人的皮质醇[1]水平。他还指出,过去人们常嘲笑那些认为抑郁程度可以衡量的想法,但现在抑郁的衡量标准已被普遍接受。此外,他认为,衡量人与人之间的幸福感差异,将使我们能够找出哪些因素会形成幸福感,哪些因素不会。

---

[1] 皮质醇是身体在感受到压力时释放的一种激素。

持反对意见的人则认为，抑郁和幸福是不同的，它们是两种独立的心理状态，并不是一种情绪的两端。虽然某些荷尔蒙和其他生物指标的水平可以预测抑郁，但它们与幸福的相关性并不十分清晰。而且目前还没办法用客观的衡量标准来核实人们对幸福感的自我评估。哲学家朱利安·巴吉尼（Julian Baggini）对试图衡量幸福感的想法有着更本质上的担忧。他认为，令人生有价值的东西，并不一定是会让你开心或满意的东西——它比这更加复杂。如果你对现状不满意并愿意接受挑战去提升自己，例如获取新的资格或技能，变得健康，或者找到一份更有趣、更有价值的工作，那么你的人生看起来就是值得的。他认为，如果我们不能准确地定义何为美好生活，那么对它做出的这种测量就可能是错误的。

幸福学研究者试图通过探索新的测量方法来解决质疑者提出的这些问题。例如，体验抽样法（Experience Sampling Method）就是为了避免我们会根据自己在某个时刻的感受来评价对整个人生的满意度而设计出来的，它采用的方法是，在一天当中不定时地发送若干次手机通知，让人们多次回答问题。他们尝试用以下方法验证幸福感的自我评估是否有效：记录参与者微笑或大笑的频率，或让其他人来评价某人的幸福程度，然后对比这些数据与参与者自我评估的幸福程度之间的相关性。但无论如何，缺少了对于"幸福到底是什么"的准确理解，我们很难认同，幸福感测量是一种通过无法回答的问题，在不可能进行客观检验的情况下，给一个模糊的概念赋值的尝试，因为这是不切实际的。那些不同国家幸福感评分之间微小到千分位的差异可能会让读报的人看得很过瘾，并让调查结果显得十分科学严谨，但如果更认真地思考一下，你就会发现，这些评分就是最经典的虚假精确度的例子——用充满误差的数据来反映一种定义不清的现象，最后却以精确到千分位的数值来展示。

当疼痛被测量

生孩子可能是人生中最幸福的事情之一，但对女性来说，分娩的疼痛也是最糟糕的体验。她们将其形容为强烈的痉挛加上体内的绞痛，好像有人要把自己的五脏六腑扯出来一般，部分母亲将这种疼痛比作被火车碾压过。然而，在20世纪40年代，却有十几位女性能够允许一位身穿白大褂的科学家在她们分娩的时候站在自己身旁，然后在她们宫缩期间平静地灼烧她们的手，并询问她们感觉如何。这些科学家来自康奈尔大学，他们试图创造一种测量疼痛强度的方法，并用"dol"来衡量疼痛强度，这个词是从拉丁文中表示疼痛的"dolor"而来。他们将这种疼痛测量技术称为"痛觉强度测量法"（dolorimetry），可测量范围则是0~10.5 dol，10.5 dol也就是人所能经受的最大疼痛值。

这个研究团队的带头人是物理学家詹姆斯·D.哈迪（James D. Hardy），他是一位精力充沛的得克萨斯人，还曾在第二次世界大战中参加过诺曼底登陆战役。这个团队研究的初衷是十分有价值的。他们认为，如果疼痛可以测量，它就能够帮助医生评估止痛药和其他止

— 信息差
÷ 看透大数据背后的底层逻辑

痛治疗的有效性。有13位女士同意参与此项研究，据研究记录，"她们成为志愿者的原因，或出于好奇，或是希望为社会做贡献"。不过，在分娩过程中，当她们的手被热辐射慢慢灼烧到超过了烫伤和起泡的程度时，一位O夫人"很快便开始对整个团队表现出敌意，尽管她在实验开始之前曾多次表达过自己渴望参与研究"。还有一位A夫人也"用力地哭喊和抱怨"，尽管她的疼痛测量值"显示仅有2～4 dol的程度"。其余的女士显然都配合完成了研究。有一位曾经经历过6次流产的女士，她同意了研究团队在她手上测试10.5 dol的痛感，并最终造成了二级烧伤。研究者记录称"她希望全力配合我们以表达她对上天能够让她顺利怀孕生产的感恩之情，而且坚持要完成这项测试"。

好在女士们并不需要用0～10.5的数值范围来表达自己的痛感。她们要报告的是自己手背上的痛感与最近一次宫缩的疼痛强度相比，是轻还是重。根据她们给出的反馈，她们手上的灼烧强度会相应加强或减弱，让科学家能够以此估计出与宫缩引起的疼痛程度相当的痛感数值。这个过程一般需要进行3或4次灼烧，每次3秒钟。

尽管这些女性和那些在类似实验中自愿烧伤前额的医学生表现得都很英勇，但哈迪和同事们开创的方法并没有得到推广，其他科学家也没有重现这个实验结果。特别是，在受控的科学设定下体验到的疼痛似乎与"真实的"疼痛不太一样。哈迪团队实验的参与者，在某种程度上得到了训练。她们都是自愿参与的，都被告知了将会发生什么（因此疼痛也可以说是可预计的），并且她们能够形成一种态度，使她们免受可能会改变她们疼痛体验的精神影响。在随后的几年里，疼痛逐渐开始被视为一种独特的个人体验，它是因人而异的，而不是一种可以标准化的现象。比如，有证据显示，红头发的人种、缺乏"运动细胞"的人、严重超重或严重抑郁的人，对疼痛的忍耐力都偏低。对疼痛的敏感程度在个体自身不同部位也会有差异，大多数人身体惯用的那一侧能够承受更多疼痛（例如你惯用右手，那你身体的右侧对疼痛的敏感程度更低）。

因此，疼痛程度评估要想具有价值，就必须接受相当大的挑战。首先，它必须可靠，能在相似的操作情况下引起被测量者相一致的反应。其次，它必须测量出它应该测量的东西——例如它不该受到测量者的焦虑情绪或因不愿麻烦医护人员而刻意隐瞒痛感等因素的影响。尤其是老年人，他们更不愿说出自己的疼痛，因为他们成长在一个把抱怨疼痛视为软弱行为的年代，或者他们认为疼痛是变老的体现。最后，它必须使用一种便于人们理解的方法。处于痛苦中的人不会想与复杂的问题做斗争，如果被问到这样的问题，他们不太可能给出可靠的回答。

最近的研究表明，让人们以 0~10 的数值范围描述疼痛的方法，是最有可能克服上述挑战的方法——至少对于成年人或那些没有认知障碍的人来说是这样的。这个方法似乎也得到了病患的喜爱，并且人们的回答更多集中在标有类似于"微弱""中等""强烈""非常强烈"等词汇的疼痛数值范围周围，长此以往，疼痛的微小变化就可能不太容易被察觉。当测量范围只用一个两端有数字的标尺来表示时，这种微小的疼痛变化更不容易甄别，通常这个标尺的两端会标着"没有疼痛"和"能想象到的最高疼痛"等类似字样，而人们必须在这条没有任何其他参考点的线上标出能够代表自己疼痛程度的位置。不过，当评估对象是孩子的时候，用面部表情来代表不同疼痛级别也是很有用的。

看来人们大多愿意将自己遭受到的疼痛程度转化成数字，以便给管理自己治疗方案的医护人员提供有用的信息。当然，人们所选择的数字是否只是对他们主观体验的粗略表达，我们不得而知。正因为如此，一些科学家正在借助例如脑成像和生物标记物研究等领域的先进成果，寻找客观疼痛测量的黄金标准。如果成功，就可以用来验证甚至替代我们现在所依赖的病患自我评估。然而事实证明，这一目标也是具有挑战性的。例如，应激激素水平，如皮质醇和肾上腺素，除了会受到疼痛的影响，还会受到其他因素的影响，而出汗和皮肤传导性水平也可能会受到一个人的皮肤质量或环境温度的影响。尽管如此，美国科学家曾在2013年做过一项研究，让100多位参与者暴露于从温暖到炙热不等的温度之下，并使用高级计算机算法处理了他们的大脑图像。科学家们在不同的图像中发现了相同的能够表示正在经历的疼痛程度的图像模式。有趣的是，他们还发现生理疼痛与社会性疼痛（social pain）在大脑中产生的反应是不同的，所谓社会性疼痛就是例如人在分手后感受到的痛苦（早前的一项研究表明，当参与者看到拒绝过自己的人的照片，随后他们的大脑图像被记录了下来）。

另外，美国的这项研究只分析了年轻健康的志愿者前臂位置感受到适度疼痛的经历。而极端疼痛、慢性疼痛、身体其他部位的疼痛，以及疲惫、恐惧或生病的人所经历的疼痛，可能会在大脑中产生非常不同的图像模式。因此，这项研究还只是处在早期阶段，且有些人可能会反对"疼痛可以被客观测量"这一观点。不过，如果这类研究成功了，它不仅会给医学界带来福音，还会证实医生多年来使用的主观数据是否准确。

"不要在自然灾害发生时捐款"

2018年9月底，印度尼西亚苏拉威西岛发生7.5级地震，并引发了海啸，高达20英尺（约6米）的海浪席卷海岸，摧毁了房屋、办公室、酒店、清真寺，以及交通线路和通信线路。在被摧毁的巴鲁市附近，大大小小的船舶像玩具一样散落在地上。数千人在灾难中丧生、受伤或被迫在荒野露宿。对幸存者的援助到达得很慢——他们缺乏食物、水和避难场所，许多人被迫洗劫超市以求生存。在世界各地，电视节目上都在竭力地呼吁国际社会提供帮助。在英国，灾难应急委员会（DEC）要求公众为援助工作做出贡献。而与数以百万计的其他人一样，我发现我无法抗拒这样的恳求。

不久之后我读了一本书，书上说我应该忍住，不要在自然灾害发生时捐款。它告诉我，纯粹因为看到悲剧事件之后的情感反应而捐款是错误的做法。相反，这本书的作者、牛津大学哲学副教授威廉·麦克阿斯基尔（William MacAskill）认为，人们应该做出一个理性的决定，而这需要研究一下"我的钱捐给谁才有可能对改善世界起到最大的作用"这一命题。慈善捐赠通常会受到边际效益递减法则的约束。先收到的捐赠所做出的贡献比后收到的更大，因为最基础、最重要的需求都是最先被满足的。之后的每一英镑所带来的贡献都会越来越少。由于有上百万人都在响应捐款呼吁，我的捐款对印度尼西亚的边际效益就相对较小，所以如果我把钱捐到其他地方，它所带来的效益可能会更高。尤其是当还有很多正在发生的悲剧（如每天都有18000名儿童丧命于可预防的死因）并不会成为头条新闻的情况下。那本书的观点认为，为了帮助减少这些悲剧，我应该把钱捐给边际效益更高的慈善项目。

根据《星期日泰晤士报》（The Sunday Times）的报道，麦克阿斯基尔是"一位有爱心但更有智慧的行善者"，是"有效利他主义"的主要倡导者。不过，虽然"用你有限的钱做出最大贡献"的说法听上去很有道理，但这就需要你算得出你的捐款能带来多少效益。捐500英镑[①]给盲人配备导盲犬，会比捐同等金额给东非的眼科诊所更有价值吗？还是应该将钱捐给救助受伤退伍军人、防止虐待儿童或者支持癌症研究的慈善机构呢？

"有效利他主义"的支持者推荐使用一种叫作QALY的测量方法，即质量调整生命年（quality-adjusted life year），这一测量方法也被推荐用于卫生资源分配的决策过程。1个QALY就是完全健康状况下的1年，所以如果我预计未来10年都能够完全健康地活着，那就有10

---

① 约合人民币4500元。

个QALY。但如果未来10年都会在持续的腰背部疼痛中度过，我的生命质量相比那些完全健康的人来说可能就只有75%，那我就只剩7.5个QALY。死亡时QALY为0，但有比死亡更糟糕的情况，即它们会被反映为负数的QALY。根据"有效利他主义"人士的建议，如果我捐500英镑能够使一位刚果男性的QALY提高0.5，或者使一位柬埔寨女性的QALY提高0.8，那么我就应该把钱捐给这位柬埔寨女性。QALY的提升是可以按整个群体聚合起来计算的。例如，一个移动眼科诊所去某个偏远地区开诊一次，能够为当地的5000人平均每人提高0.4个QALY，也就是为整个群体带来5000×0.4=2000个额外的QALY。如果这次开诊的成本是4万英镑[①]的话，则每QALY成本为20英镑[②]，并以此方法来衡量一项措施的成本效益如何。可是，QALY又该如何评估呢？谁规定的腰痛中度过的一年就只等于完全健康的人一年的75%？

人们采用过很多种方法评估QALY。其中有一种是让人们回答类似下面这种问题：

请想象您还能再活10年。以下两种情况您会作何选择？
A. 在腰痛中度过10年
B. 完全健康地再活8年

[①] 约合人民币36万元。

[②] 约合人民币180元。

大多数人可能会回答他们愿意选择完全健康地再活8年。因为这个问题的目的是要找到一个选项A和B在人们心中不再有差别的数字，我们需要继续调整选项B，使它的吸引力下降。因此，在得到答案之后，我们会重问一遍上述问题，但是将B选项改为再活6年。这次人们可能就会回答他们宁愿在腰痛中活完10年。假设再将B选项改为"完全健康地再活7年"，人们的答案显示，他们觉得A和B都可以。这就表示，对这个人来说，在腰痛中度过的10年与完全健康的7年是相等的。因此在腰痛中度过的1年等于0.7个QALY。

当然，这个数字只适用于被提问的个体，因此各个病患的答案或者具有代表性的横截面样本的答案都被进行了平均计算。研究人员得出的平均值包括轻度心绞痛的QALY是0.9（即轻度心绞痛的1年相当于健康状况下的0.9年，下同），长时间焦虑、抑郁和孤独的QALY是0.45，有更年期症状的QALY是0.99。

个人来讲，我无法回答那道腰痛的问题，原因很简单：我还没有体会过腰痛。这就代表我得依靠想象来决定究竟该选A，还是选B。那么问题就来了：QALY应该从普通大众当中得出，还是应该从有特定健康问题的病患那里得出？比如在英国，这项计算的数据就是由一般大众提供的。有人认为，由于一般大众在将资源吸引到特定医学领域方面没有既得利益，他们不太可能给出有偏见的答案。但是，正如我们所见，一般大众通常会把某些健康问题的影响想象得很严重，但现实中患病的人会适应那些症状且依然可以享受自己的生活。事实上，他们的生命质量可能与完全健康的人一样高。QALY则将是否患病与生命质量的高低混为一谈了。

对QALY的评估同样面临着很多挑战。有些人甚至会拒绝接受用缩短寿命来换取健康的想法。而且，像腰痛这种病症有不同的严重程度，有的偶尔刺痛，有的疼痛难忍。因此，想要回答这类问题我们还需要知道病症的严重程度。一些批评人士指出，这项测量方法的理论有效性建立在一系列可疑的假设之上，例如，患腰痛两年的人QALY评估得分，是患腰痛一年的人的两倍。更令人担忧的是，从做慈善的角度来看，不同的人群可能会对症状做出不同的评估，因此，在评价给亚洲和非洲较贫困国家捐赠的效益时，使用从英国人中得出的QALY可能并不合适。在同一人群中，通常假设每个人的QALY都是相同的，但有些人会认为，对儿童甚至对可能具有高生产力的人来说，QALY可能具有更高价值。此外，QALY没有考虑间接效益。如果一个人的失明被治愈了，他就可以赚更多钱来养家糊口，从而提高他孩子的生活质量。那么捐钱给动物慈善机构又怎么算呢？狗、马或鸡的生活质量和人一样重要吗？如果是的话，那我们就需要某种方法来评估其他物种的QALY。

从表面上看，QALY似乎为慈善捐赠的决策提供了一个相当不可靠的依据。但我仍然希望我捐出的钱能最大限度地改善人们的生活。那么我该怎么做呢？与大多数主观估计的数字一样，答案是将QALY看作一个非常粗略的估计值。在做慈善的角度，这样的程度已经足够为我们决定把钱捐到哪里提供指导了，至少对于旨在改善人类生活的慈善活动而言是这样的。由于不同慈善机构的成本效益存在巨大差异，所以测算QALY时的误差通常不会影响我们评估两个慈善机构哪一方获得的捐赠能够产生更高效益（或QALY）。比如，慈善机构Giving What We Can（尽我们所能捐赠）的创始人，牛津大学哲学学者托比·奥德（Toby Ord）提出的证据表明，向某一家慈善机构捐赠的效益可能比捐赠给另一家慈善机构的效益高出近1.5万倍。[①] 即使是给旨在解决同一个问题的不同慈善机构捐款，其影响也可能存在巨大差异。这里以旨在预防和治疗艾滋病的慈善捐赠为例，在这些捐赠中，资助对性工作者等易感群体的宣教项目，可能比资助卡波西肉瘤（一种与艾滋病晚期感染有关的罕见癌症，会导致皮肤损伤等症状）手术治疗的成本效益高1400倍。这个差距意味着，尽管QALY还不够精准，但它在帮助我们选择慈善机构这件事上，具有足够的参考价值。此外，值得注意的是，有效利他主义者不仅仅依赖于QALY等测量方法。他们还采用了其他指标，例如询问慈善机构的救助目标是否处在一个被忽略的领域，因而是否有足够的空间获得更多资金，以及慈善机构利用捐赠的财物去实现其目标的可能性有多大。与有效利他主义相关的网站的建议也会考虑到其他因素，包括慈善机构的过往记录及其运作的透明度。

所有这些指导建议都很有用，但当下一次重大灾难发生时，我将会纠结至极。我的心会催促我向灾难基金捐款，而我的大脑会告诉

---

① 在这个案例中，效益是通过DALY（伤残调整寿命年）来测量的，这是一种与QALY密切相关的测量方法。

第七章
"你幸福吗"与指数测量

我，把这笔钱捐给数据显示它应该去的地方：帮助缓解那些正在发生却很少成为头条新闻的悲剧，在那些地方，即使很少的捐款也能提供更大、更重要的帮助。

所以，我们能相信主观数据吗

如我们在疼痛测量的例子中所看到的，当人们在相同情况下能够得出一致的数值，并且该数值能够测量它本该测量的东西的时候，主观数据是可以采信的。前一个条件被研究者们称为信度（reliability）或可靠性。当我给学生打分的时候，我必须给答案一样的同学打一样的分数，不然我的分数就是不可靠的。但是仅有可靠性是不够的。可能我给两位同学打了一样的分数，但这个分数相对他们答案的质量来讲，可能太高或太低了。为了让我打出的分数值得信赖，它们必须具有后一个条件，那就是效度（validity）或有效性：它们必须反映出它们本该测量的东西，在这个例子中就是学生作业的质量。

我们已经看到，主观数据缺乏可靠性和有效性的原因有很多。提问的措辞和出现的顺序，以及问题中包含具有多重解释的、定义不明确的概念等情况，都会影响我们的判断。由于我们无法诚实或准确地回答某些提问，许多人更感兴趣的是取悦和打动调查者，而不是给出有效的回应。通常，我们的评估会受到近期事件或短暂想法的影响。有时我们真的不知道答案，却以为自己知道。还有一些时候，我们可能会觉得任何旧答案都可以用来敷衍了事地完成评估。然而，值得注

— 信息差
÷ 看透大数据背后的底层逻辑

意的是，有一些主观估计是人们相当擅长的。如果问人们不同事件发生的相对频率是如何的，你很可能会得到准确的答案。有一项研究让人们估算不同连锁快餐品牌大致的餐厅数量，人们的答案都与真实的数字很接近。人们还很擅长估计字母和单词出现的频率。为什么会这样呢？这可能与我们的进化历史有关。例如，估算一个人在大热天打猎时遇到猎物的频率，或者估算具有特定症状的人患上疾病的概率，都可能会对人类的生存有所帮助。

准确估计群体规模也可能是我们从远古祖先那里获得的一项技能，他们需要根据其他部落的规模来决定是否与他们争夺资源。德国一项研究的参与者就依据不同的城市所拥有的人口规模（如人口在100000～199999和200000～299999），对德国城市数量做出了相当准确的估计。还有一些例子证明，人类基于极少量信息进行的即时直观预测也是非常准确的。我们将在最后一章中讨论这些问题。

但是，当我们需要根据主观数据做出决定，却又怀疑这些数字可能不完全准确时，我们应该做什么？通过QALY的例子我们看到，即使在估算慈善机构的相关QALY时存在很大误差，一些慈善机构仍然比其他的更具成本效益。决策分析师使用一种类似的方法，称为"敏感度分析"（sensitivity analysis），它包含了评估某项决策在面对主观数据中的误差时，稳定性如何。例如，我们可能会发现，即使一个人给自己喜欢的车打出的两次分数（按1～10分）偏离了30%，他们依然还是更喜欢那辆车，而不是其他的车。

因此，尽管主观数据存在缺陷，但如果我们只需要一个大概指向

第七章
"你幸福吗"与指数测量

真相的"差不多能用"的想法，主观数据往往是有用的，但由于它们很"粗略"，我们也应该对基于主观回答的看似精确的数字持怀疑态度。因此，当报纸告诉我们，人们认为他们需要中2230万英镑[①]彩票才能获得完美的幸福，已婚夫妇在婚礼后的2年11个月8天是最幸福的，以及英国人在喝了一杯低品质的茶之后会闷闷不乐7分钟的时候，不要轻信可能是更明智的做法。

---

① 约合人民币2亿元。

第八章

PART 8

软数据碰硬数据

尽管科学家声称他们厌恶主观性,但遇到问题时,研究人员依然会身穿白大褂在实验室里兢兢业业地对假设进行检验,他们坚持追求真理而不求回报的想法,只是一种理想状态。

主观数据是个"大恶魔"

我们在第四章提到过的罗纳德·艾尔默·费舍尔是一位相当多元的人物。他是一位才华横溢的思想家——他对统计学、实验设计和遗传学均做出了重大贡献,他时而是个热情四射的绅士,时而也被内心的痛苦和怨恨所困扰。虽然他热衷于追求科学真理,但他的母亲却十分迷信,坚持认为出生于1890年的他,名字里一定要有字母"y",因为他曾有一个名叫艾伦(Alan)的哥哥不幸早夭,可是名叫杰弗里(Geoffrey)和伊夫林(Evelyn)的哥哥姐姐却都活了下来。费舍尔是出了名的近视眼,甚至在1914年不用服兵役,而且他的脾性也比较狂暴。在27岁那年,他瞒着自己守寡的老母亲,坚持要娶当时17岁的露丝·艾琳(Ruth Eileen)为妻。费舍尔顽固的性格特征后来导致他与统计学领域发展中的其他领军人物爆发了许多激烈的冲突。

在诸多冲突之中,其中一项就关乎真理的主观评价在科学中到底起了什么作用。很多时候,我们确实无法知道真相到底是什么。医生可能会从病人手脚发麻的症状中诊断出他有2型糖尿病,但医生也不能完全确定。一位电视采访嘉宾可能会声称3%的英国人口对花生过敏,但他会不会因为有既得利益而夸大这个数字?一些持怀疑态度的科学家断言,大肆炒作的新化肥并不会使小麦亩产增加,这时可能会有一家化学品公司跳出来反驳——与科学家对抗肯定是符合该公司的既得利益的。一位政客可能会辩称大多数选民都支持削减海外援助支出，但他会不会只是说出来选民想听到的话？

一般在遇到上述情况时，下一步做法大多是收集数据，权衡分析我们所知的信息。这可能就涉及对具有代表性的总体样本进行调查，比如我们可以调查1000位英国人，看看他们是否对花生过敏。或者我们可以随机挑选10块农田并施用新化肥，然后将产量与没有施肥的农田做对比。但是，由于我们的证据只是基于样本得出的，我们还是很难确认真相到底是什么。

费舍尔建议在这种情况下要试着建立一个假设来评估真相可能会是什么。这通常包括假定某一说法是正确的，直到有数据表明它不可信。举个例子，我们可以假设3%的英国人对花生过敏，然后收集相关数据。费舍尔建议，通过分析数据，我们应该找出调查结果与我们的假设之间是否存在差异，并且提出疑问："如果假设是真的，有多大的可能性得到如此之大的差异？"[1] 比如说我们的1000人样本中只有1%对花生过敏。对于我们得到的1%的结果与电视上专家口中的3%之间的差异，一种可能的解释是，差异纯属偶然，刚好我们样本中抽取的人比一般人出现过敏的概率更低。所有通过样本得出的估计值都是存在误差范围的，所以3%这个说法仍有可能成立；它与分析

---

[1] 从技术上来说，在一次调查中获得任何确切结果的可能性非常之低，因为可能会出现非常大量，甚至是无限多的其他结果。基于这个原因，我们会问："如果假设是真的，我们从调查中得到这个结果或一个与假设差异更大的结果的可能性有多大？"

— 信息差
╇ 看透大数据背后的底层逻辑

结果之间的差异可能只是采样时出现的典型误差。当然，另一种可能的解释就是，3%的说法根本不对。

如果我们的样本是随机抽取的，这时就可以使用概率论来计算结果与假设值之间的偏差至少达到了2%（3%–1%=2%）的概率是多少。假如这个概率算出来只有千分之一。这时候我们就可以对提出3%这个说法的专家说："看吧，如果你的说法正确，那我们的抽样结果与你的说法之间至少有2%的差异的概率就只有千分之一，因此我们有充分的理由质疑你的说法。如果你说的是真的，那我们的调查几乎不可能得出这个结果。"（回忆一下，千分之一或0.001这个概率被称为p值，我们在前面第四章中讨论过。）这里的关键是，费舍尔的方法没有告诉我们这个说法（或假设）为真的概率是多少。它只告诉了我们，如果假设为真，那能够得出我们的调查结果的概率会是多少，但这完全是两码事。

再来看另一个例子：医生的诊断。医生决定给病人抽血，抽血的结果会显示病人是否患有2型糖尿病，即假设病人确实患有2型糖尿病。可是血液检测只有80%的准确度，因此病人能知道的只是：如果他们患病了，那么检测有80%的概率能够给出正确的指示。这是一个很"绕"的概念。病人想知道的其实很简单：既然我已经验了血，那么我患上乙型糖尿病的概率到底有多高？

在许多情况下，我们更愿意直接知道某人的主张或假设为真的概率，而不是那些只告诉我们证据的可靠性，却不告诉我们假设本身可靠性的说法。"化肥是无效的"这个观点为真的概率有多大？某种药物无害的概率是多少？花生会对近乎3%的英国人形成威胁的概率又是多少？尽管费舍尔的方法是很多科学工作的基础，但它却无法解答我们这些疑惑。想要回答我们提出的这些问题，就需要求助于18世纪英国一位牧师托马斯·贝叶斯（Thomas Bayes）所提出的一个定理：用于表示在某一事件发生的条件下，另一事件发生的概率。

我们对于贝叶斯知之甚少，只知道他出生于1702年，是英国肯特郡唐桥井的一名非国教派牧师，于1741年被选为皇家学会会员。不过在1763年，也就是贝叶斯去世两年后，他最重要的作品出版了，这部著作具有极大的影响力。它告诉了我们应该如何根据例如医学扫描或调查当中发现的新信息来更新我们的观念。举个例子，清晨，你看着满天乌云，估计今天有60%的可能会下雨。随后你惊讶地发现，电视天气预报说今天一整天都是晴天。不过，你知道天气预报并不是完全准确的，它有10%的概率会估计错误。根据贝叶斯定理，我们在看过天气预报之后，应该将原来预计下雨的可能性修正至14%。

我们用与今天天气相似的100天为例，来看应当如何应用贝叶斯定理。你自己的预判是：在100个这样天气的日子里，有60天会下雨，有40天不下雨。

在下雨的那60天里，天气预报有10%的时候会出错。也就是天气预报会把6个下雨天预报成晴天。

在不下雨的那40天里，天气预报有90%的时候是准确的。也就是天气预报有36天能正确地预报晴天。

这说明，在100个像今天这样天气的日子里，天气预报有36+6=42天会预报为晴天，这42天内只有6天可能会预报错误，也就是14%的出错概率。我们正好在这42天当中的某天，因此我们知道，当天气预报说今天是晴天的时候，下雨的可能性为14%。

一个快速计算的方法如下面表格所示。

为了方便计算，表格中概率用0~1表示，而不用百分比数字。

（1）完成以下表格。

事件为真的概率	新信息中事件为真的概率
1减去上面的概率	新信息中事件不为真的概率

（2）将上排两个数字相乘。将结果称为"上"。

（3）将下排两个数字相乘。将结果称为"下"。

（4）将"上"和"下"相加。将结果称为"和"。

（5）修正的（或称后验）概率则为"上"除以"和"。

在这个例子中就是：

（1）

0.6	0.1
0.4	0.9

（2）"上"=0.6×0.1=0.06。

（3）"下"=0.4×0.9=0.36。

（4）"和"=0.06+0.36=0.42。

（5）修正后的概率=0.06/0.42≈0.14，或14%。

如果你将（2）~（5）步中的概率乘以100，你会发现它们与我们前面提到的天数相吻合。

正如近代哲学家大卫·休谟（David Hume）断言的那样，诸如耶稣复活之类的神迹不应被相信。一些历史学家认为，贝叶斯试图用概率论来证明报道中的神迹不是假冒或幻觉。其他人声称，他是试图在用概率来证明上帝的存在（稍后再详细讨论这点）。有一种说法认为，其实是贝叶斯的好友"安静、谦逊"的威尔士牧师理查德·普莱斯（Richard Price）首次将这一定理应用于这些宗教问题的。甚至有可能是普莱斯在贝叶斯死后阅读其未发表的论文时，发现了贝叶斯定理的一个半成品版本，而普莱斯才应该被认为是完善该定理的人（实际上，真的有一个理查德·普莱斯协会，旨在认可普莱斯的贡献）。无论过去的真相如何，如今你会发现贝叶斯定理被广泛应用于各个领域，比如垃圾邮件过滤器、石油勘探、人工智能、估计宇宙的年龄及预测电影的成功。2003年，该定理还被用来搜寻失踪的捕龙虾渔民约翰·奥尔德里奇（John Aldridge）——他在纽约附近失踪了。但是，贝叶斯定理与费舍尔的方法有什么关系呢？为什么这个定理会激怒费舍尔，让他对该定理的谴责变成了一种执念？

答案是，这个定理允许我们利用自身的经验和专业知识判断，对假设为真的可能性设定一个初始概率（这被称为先验概率，反映了我们对假设为真的相信程度）。然后，这个定理告诉我们，当我们从样本或调查中获得结果后，该如何修正我们的概率。与费舍尔的方法不同，我们最终得到了自己假设的概率——基于我们的主观判断，再结合来自样本或其他来源的硬数据。

在那个病人有手脚发麻症状的例子中，假如医生的经验丰富，她在病人验血结果出来之前先用自己的经验预估了病人患有2型糖尿病的概率是70%。随后验血结果也显示病人患有2型糖尿病，而此检验的准确率为80%。当我们结合这两个信息，根据贝叶斯定理得出，这位病人患有2型糖尿病的概率超过90%。

而这正是让费舍尔恼火的地方——人们被允许使用他们的主观判断来帮助确定一个假设是否合理。[1]在他看来，科学需要客观性。验血结果是一个确凿的证据；医生先前的估计是一个"软"性判断，因此，根据费舍尔的观点，在科学研究中不予使用软数据。自20世纪20年代以来，大多数科学家都赞同了费舍尔的观点。正如科学作家

---

[1] 费舍尔甚至暗示，贝叶斯肯定怀疑他自己的想法的合理性，因为他一生都没有发表过这些想法。费舍尔不遗余力地试图建立一种方法，允许人们确定一个假设为真的概率，同时避免使用主观判断。但他的方法——基于他所谓的"置信概率"（fiducial probabilities，拉丁语中意为信仰或信任）——招致了许多批评。在他有生之年，他都没能解决这个问题，尽管直到今天，仍有一些学者在努力研究这个概念，想看看它是否有价值。这里要注意，当新数据可用时，贝叶斯定理也可以用来更新基于客观数据的先验概率，在这一点上是争议较少的。

罗伯特·马修斯（Robert Matthews）写道："对大多数科学家来说，主观性就是大恶魔。"

客观不等于真实

尽管科学家声称他们厌恶主观性，但无论如何，那种研究人员身穿白大褂在实验室里兢兢业业地对假设进行检验，坚持追求真理而不求回报的想法，只是一种理想状态。科学家都不可避免地带有主观性，尽管这种主观性很少显露出来。科学家也是人，他们也会有先入为主的观念、信念、要追求的事业、要考虑的声誉及自我意识。在某些情况下，这甚至可能导致他们做出彻头彻尾的欺诈行为——篡改数据或谎报分析结果。

据2012年的报道，自1975年以来，由于学术不端行为而从期刊上撤回的生物医学和生命科学论文数量增加了10倍（该研究发现了1300多篇造假的论文）。可是，就算是诚实的科学家也可能在不知不觉中让他们的主观信念影响其研究结果。实验的设计和操作涉及各种各样的决策，而其中一些纯粹是依靠研究者个人判断的。实验将使用哪些设备？样本量应该是多大，应该以什么人或什么东西做样本？还有，应该控制哪些外部变量？例如，如果我们想要比较老年人和年轻人的反应时间，我们是否应该控制他们的性别、智力水平或他们应该几点钟来参加实验？

最需要主观判断的可能就是如何处理实验中出现的不合理或异常

观测结果的问题。在我参与的一项实验中,我们想找出当超市进行促销活动时,人们对产品销售额增长的预测能力有多强。我们给参与者提供了促销活动的详细信息,以及之前的促销活动中相关销售额的增长数据。过去的每一场促销活动都成功地促使销售额上涨。尽管如此,还是有少数实验参与者预估此次促销活动会降低销售额,或对销售额没有影响(而在另一个相似的实验中,有人预估销售额会大幅上涨,但根据实验所提供的信息,这个结果是不可能出现的)。这些奇怪的结果似乎是不合常理的。是不是参与者误解了实验任务?他们会不会是出于某种不可告人的原因,想要扰乱实验结果?难道他们是答题时不小心按错了键盘按键?最终我们决定剔除这些异常值,但为了数据透明,我们报告了这项操作。

尽管如此,危险是显而易见的。研究者都希望看到他们期待中的数据。根据观念和立场的不同,人们会从同样的数据中看出不同的信息。而这些信息最终可能会被认为是客观的发现。一个人在图表上看到的随机变化,可能会被另一个人作为某个理论需要被修改的证据。有时,我们忽视的异常值可能意味着一项重大发现。想一想可怜的科米特·A.泰勒(Kermit A. Tyler)中尉,1941年一个安静的、看似平淡无奇的星期天早晨,他正在夏威夷瓦胡岛的一个雷达信息中心临时替班。两名雷达操作员报告说,他们的雷达屏幕上出现了一个异常大的光点,这表明有大量飞机正从约130英里(约209千米)外迅速逼近。

"不用担心。"泰勒安慰操作员道,他以为这一定是他所知道的那架从美国本土起飞途经这里的美国轰炸机,这句话将成为泰勒一生的污点。事实上,雷达探测到的是180多架日本飞机,它们正在逼近珍珠港,准备发动致命的突袭,而这一事件即将把美国拉入第二次世界大战。尽管随后的官方调查免除了泰勒的责任,因为在那个决定命运的早晨,他并没有接受过他临时替班的岗位的训练,而美国轰炸机的到来是对那个光点的完全合理的解释,但他仍然时不时会收到一些泄愤的信件,谴责他的不作为。

就像量子现象的特征只有在被观察到之后才能确定一样,数据在被人类解释之前也没有特征和意义。而在理应客观的科学领域,这种解释将不可避免地带有主观性。

关于贝叶斯

乍一看,明确允许人们把自己主观判断的概率放到科学分析当中,着实令人担忧。难道结果不会被人为操纵以便证实他们的某种偏见吗?同时,我们也在第七章中看到,主观数据可能会是不一致的、偏颇的,甚至不可靠的,尤其当人们被要求在心里估算出可能性的时候,情况就更是如此了。心理学家阿莫斯·特沃斯基和丹尼尔·卡尼曼因其研究能成功识别和解释其中许多偏差的成因而闻名。他们证明了我们对概率的估计可能会受到很多因素的过度影响,包括最近发生的或印象深刻的事件、坊间传闻和刻板印象以及以某种方式植入我们大脑中的初始数字。

然而，我们已经看到，主观性及其伴随的偏见在科学中是不可避免的，因此以正式的、有记录的方式公开这一点肯定要好得多。贝叶斯定理为此提供了一个结构。它要求人们在收集更多信息之前明确他们的主观信念。如果我们要求科学家阐明并记录这些初始信念的来由（例如，基于早期的研究结果），那么我们就能够更好地判断他们的研究发现是否可靠。而将主观性隐藏在非正式的客观性外衣下并不能实现这一点。

贝叶斯定理还有其他的妙处。它巧妙地平衡了我们对自己主观判断的自信程度和新信息的可靠程度。高度可靠的新信息通常会对修正后的概率（也称为后验概率）产生相对较大的影响。同样，如果我们对先前的概率没有信心，比如说我们的假设只有50%的概率是正确的，那么贝叶斯定理的修正概率将完全基于新信息的可靠程度。相反，如果我们准备冒着风险说，我们的假设有98%的可能是真的，那么我们的先验概率将对修正后的概率产生巨大影响。当我们走极端，说我们100%确定某个假设是正确的，那么任何新的证据，无论多么可靠，都将被忽略，修正后的概率将仍是100%。当然这种情况没什么道理可言。如果我说我100%确定飞碟已经降落在白金汉宫，那么贝叶斯定理并不会修正这一概率，即使有高度可靠的信息来源告诉我并没有这回事儿。然而，只要我不走这个极端，随着越来越多的硬数据出现，相对于我们最初的估计，新信息对假设为真的后验概率的影响就会越来越大，而这是很有意义的。这也意味着，如果研究人员对他们的先验概率存在分歧，随着数据的积累，他们的后验概率将趋于收敛。

如果不考虑某个假设最初的合理性，我们可能会得出看似惊人的发现，但实际上，那些结果的出现纯属意外。比如，我可能会提出一个疯狂的理论，那就是爱喝粥的人智商更高。当我测试了20名经常喝粥的人和20名不喜欢喝粥的人的智商时，我发现爱喝粥的人平均智商比讨厌喝粥的人高出了5分。更妙的是，我经过计算发现，假设喝粥对智商的确没有影响，那么出现至少如此大的智商差异的可能性只有3%。于是我可以开心地将这个发现总结为喝粥确实能增强大脑功能，我急忙将这个关键发现发表在论文中，然后在电话旁等着各大媒体竞相关注，更不用说来自粥类行业的赞誉了。然而在现实中，这个理论很可能就是无稽之谈，通过贝叶斯定理在计算中加入一点点合理的数据，我的理论很快就会沦为一堆废品。在我的研究中，那些爱喝粥的人的高智商必定只是偶然现象。

但问题是，每年发表的数以百万计的[1]科学和社会科学论文中，有大量文章都基于类似偶然情况。然而，这些论文将是具有影响力的，它们的发现可能会作为确凿的事实进入公众意识，难以消除。寻找新抗癌药物的科学家经常无法在他们自己的实验室中重现其他科学家具有里程碑意义的发现，原因之一就是这种异常结果的广泛存在。美国大型生物制药公司安进（Amgen）发现在53项研究中有47项的

---

[1] 2014年，一个学术数据库中有超过120万篇论文被编目，而这只包含质量较高的期刊上的论文；有估计表明，全球每年发表的论文约有250万篇。

结果无法复制——这对癌症研究来说是让人十分忧心的消息。

在心理学领域中，一种"复制危机"已悄然出现。大多数人认为该现象始于2011年左右，当时心理学家达里尔·贝姆（Daryl Bem）在一份声誉卓著的期刊上发表了一篇论文，提供了证据表明人类拥有能够预见未来的超感官知觉（Extra Sensory Perception，ESP）能力。他的一项实验是让康奈尔大学的本科生坐在一台计算机显示器前，显示器上显示了两幅窗帘的图像，其中一幅窗帘图像后面是一张图片。之所以这样设计，是因为贝姆相信，如果我们真的有第六感，那它一定有着古老的起源，因此会对人类最基本的生理欲望做出反应。这些本科生的任务，就是判断哪幅窗帘后面藏着那张图。最关键的是，这张图出现在哪儿是在学生做出判断之后才随机决定的（即未来事件），因此，如果学生说对了，他们就成功地预测了未来事件。当时，预测的正确率才刚刚超过53%。这听起来并没什么，但它远超过了研究者预期中纯粹依靠猜测能得到的50%的正确率。贝姆计算出，基于猜测，他们能做得像这样好的可能性只有1%。他的论文总共报告了9次实验的结果，涉及1000多名参与者，其中8次实验得出的结果都不太可能用猜测来解释。这个发现看起来难以置信，但贝姆的研究方法是诚实透明的，且遵循了公认的标准研究程序。许多心理学研究者倍感惊恐，他们多年来一直使用的研究方法可能会让不可能的事情看上去像真的一样。2017年，一项重大且精心设计的研究试图重现贝姆的结果，但根本没有发现任何证据能支持贝姆所说的现象。然而事态并未出现转机：2015年的一项调查发现，发表在顶级期刊上的100项研究中，只有大约40项的成果可以复制。身为心理学家的诺贝尔奖得主丹尼尔·卡尼曼警告说："火车失事般的灾难正在悄然逼近。"

一个基本规律就是，越是具有新闻价值的研究成果，就越不可能被成功复制。举个例子，肯塔基大学的心理学家进行了一项实验，结果发现让人们更理性地思考会降低他们宣称自己信教的可能性。实验参与者是加拿大本科生，他们被要求按0～100的分值评价自己信仰上帝的程度。在给出评分之前，有26名本科生被要求先看一张罗丹（Rodin）的雕塑作品《思想者》（The Thinker）的照片，该青铜人物雕像描绘了一位处于沉思姿势的青年，然后再进行评分。而另外31名本科生则观看了古希腊米隆（Myron）的雕塑作品《掷铁饼者》（Discobolus）的图片，该雕塑描绘的是一名运动员在投掷铁饼的景象。那些看了《思想者》图片的同学给自己对上帝的信仰打出了较低的分数，而且实验中的差异能够被解释为偶然现象的概率只有3%。研究人员得出结论，看到《思想者》的照片激发了参与者进行理性思考，而这反过来导致他们表现出了更多对宗教的怀疑。

只是看一看雕像的照片就能够对人们本身的信仰产生如此深远的影响，这看起来实在不可思议，但这篇论文发表在了世界上最负盛名的期刊之一《科学》（Science）上，自那以后，它被其他论义引用了近400次。事实证明，当其他研究人员试图重现这轰动一时的发现时，他们失败了，这表明该发现是一个统计学上的偶然事件，尤其是考虑到实验的参与者数量较少时。同一组研究人员还发现了一项发表

一 信息差
╬ 看透大数据背后的底层逻辑

在《科学》上但无法复制的研究，该研究指出，洗手可以让你不再担心过去的决定，也不需要向自己证明最近的选择是合理的。该研究认为，洗手可以消除"过去的心理痕迹"，因此你不会再为其焦虑不安。

从这么多例子当中，我们应该学到些什么呢？其一，就是在科学发现被多次复制之前，我们不应对其深信不疑，也别急着对最近的研究结果做出判断，比如倒退走可以改善你的短期记忆，或者你的名字会影响人们对你的能力或友好程度的看法。不过，试图去复制其他研究者的工作相对来说并不是一项光荣的任务——如果证实研究是成立的，这项改变世界的发现也不会算作你的成果。而且，学术期刊也偏爱热点创新的研究发现，因为这可以吸引更多研究者引用该期刊的文章，进而维持住期刊的排名。何况还有这样一种说法，一旦研究被发表，那它应该就是可信的；毕竟，在被期刊接受之前，它经历了该领域专家们漫长的同行评审过程。而且该研究与大多数其他研究一样，采用了费舍尔的统计方法，所以其结果一定是扎实的。为什么还要费心去复制它们呢？

就算真的去复制那些研究成果，复制的结果也不足以确保其中的科学发现就是可靠的，更不用说去证实它们是错的了。与原本的调查人员文化背景相似的科学家可能会对同一个研究课题带入同样的无意识偏见，结果就是让错误的发现继续错下去。或者，一些研究者没考虑到的因素可能会使复制研究走向失败——看似微不足道的事情，例如房间温度，可能就会导致不同的研究结果。

面对那些看似惊人实则毫无根据的研究发现，或者媒体上那种今天说某个东西对你有好处，一年之后又说"这东西非常糟糕，应该避免"等前后冲突的报道，这时候将贝叶斯定理与复制研究一起添加到科学工具包中，就能够提高我们的鉴别能力。奥地利哲学家卡尔·波普尔（Karl Popper）曾写道："科学必须从神话开始，并伴随着对神话的批判。"没错儿！但是现代科学肯定应该采取合理的步骤，避免创造出新的"神话"。

贝叶斯定理的两个不寻常的应用

"上帝的存在"

2004年4月，新闻报纸上刊登了这样的标题："真的有上帝吗——现在是2比1"和"真的有上帝吗？数学表明，一切都是合情合理的"。它们指的是斯蒂芬·安文（Stephen Unwin）的一本新书，斯蒂芬·安文曾是一名量子引力研究员，为美国能源部研究核事故的可能性，后来成为一名风险咨询顾问。在对该书的众多好评中，有一条来自参与创作电视剧《红矮星号》（*Red Dwarf*）的喜剧作家罗伯·格兰特（Rob Grant）的警告，他说："这本书对于任何打算与虎谋皮之人来说都是一个坏消息。"安文将他这本因轻快的风格和自嘲的幽默而备受称赞的书命名为《上帝的概率：证明终极真理的简单计算》（*The Probability of God: A Simple Calculation that Proves the Ultimate Truth*）。而这个简单计算，就基于贝叶斯定理。

从一个被他称作"全然无知"的起点开始，安文将上帝存在的概率设定为50%——这是他的先验概率。然后，他给出了一系列可能作为证据支持或反对上帝存在的因素。例如，人性本善，也可能人性本恶，类似复活等奇迹会发生，自然可以通过地震、洪水和森林大火等现象带来严重后果。对于每一条这样的证据他都做出了"假如上帝存在，那它们出现的可能性与一个没有上帝的世界相比会变大或变小多少"的估计。举个例子，他认为，在上帝存在的世界中，人性本善的可能性会大10倍；而在没有上帝的世界中，人性本恶的可能性会大10倍。随后，他按照这一新证据使用贝叶斯定理修正他的先验概率。结果是：存在上帝的可能性为67%。

安文承认："这个数字有主观因素，因为它反映的是我对证据的评估。"事实上，整个计算都是主观的，包括安文对用来作为支持或反对上帝的证据因素的选择。即便我们同意他选择的证据，不同的人当然也会给出不同的数字。而且，就连看似中性的50%的先验概率选择，也是一个主观值。就算先不考虑安文使用的证据，我们大多数人都可以以不同的先验概率作为起点。虽然这是一个有趣的结构化和文档化思维的例子——这本身并没有错，但这个被广泛宣传的67%的数据却缺乏具体的计算基础。在此案例中，软数据遇到了软数据，硬数据还未出现。

有罪还是无罪

想象一下，你在法庭上被指控犯下一起莫须有的谋杀罪。唯一对你不利的证据来自一位可靠的证人,他说凶手的头发颜色、身高和性别都和你一样。和你一样,犯罪嫌疑人也戴着眼镜。一位当地大学的统计学家计算出,每80个人中只有1个符合这一描述。检方律师言之凿凿地辩称,这意味着你无罪的可能性只有1/80,所以你有罪的可能性是79/80。不出所料,陪审团认定了你有罪。

问题出在哪里?答案是,陪审团被所谓的"检察官谬误"欺骗了。统计学家计算出对凶手的描述与你相符的概率,其前提是,你是无辜的。然而,不管检察官说了什么,这个数字并不是在符合凶手描述的情况下你是无辜的概率,而这个概率,也就是在你是无辜的情况下符合凶手描述的概率,才是陪审团需要看到的。

幸运的是,贝叶斯定理可以救你一命。如果警方估计谋杀发生时该地区约有1000人,包括你在内,那么你是杀人犯的概率就只有1/1000,即你是无辜的先验概率为99.9%。在证人的证据之上更新这一概率,修正后的概率就是略高于92%,即你是无辜的概率略大于92%——希望这足以令你在上诉时说服法官!

还是用前述的表格,我们得到以下信息:

你是无辜的先验概率 =999/1000	凶手描述与你相符的概率 =1/80
你是凶手的先验概率 =1/1000	凶手描述与你不相符的概率 =79/80

因此"上"=0.0124875;

"下"=0.0009875；

"和"=0.013475。

你是无辜的后验概率=0.0124875/0.013475≈0.927，也就是约93%（与正文中的答案有出入，是由于四舍五入的缘故）。

这个逻辑很简单。如果谋杀案发生时附近有1000个人，且每80个人中有1个符合凶手描述，那么正常来说附近就有大约13个人（1/80×1000=12.5≈13）与证人的描述相符。当然，其中12个人是无辜的，所以你在这12个无辜的人当中的概率为12/13，也就是约92%。

检察官谬误远不只是一个学术问题。与其他滥用统计数据的行为一样，这个问题在20世纪60年代加州著名的柯林斯案（Collins trial）中体现得淋漓尽致，当时，依据对袭击者的描述，一对夫妇被错误地判定为抢劫一名老妇人的罪犯。检方错误地声称，他们无罪的概率仅有1/12000000，这一数据说动了陪审团。出于类似的原因，一位英国律师萨莉·克拉克（Sally Clark）在1999年被误判谋杀了她的两个年幼的儿子。在她的审判中，有人错误地声称，如果这两起死亡都是因婴儿猝死综合征而非谋杀造成的，其概率只有1/730000，这意味着克拉克无罪的可能性微乎其微。这两起案件后来都被平反了，但萨莉·克拉克在监狱里待了三年。她再也没从这次经历中恢复过来，四年后萨莉死于急性酒精中毒，那年她才42岁。

由于这些冤假错案是由错误地使用了贝叶斯定理导致的，有一名英国法官在2011年禁止了在法庭上使用贝叶斯定理，他抱怨该定理的基础统计数据缺乏"确定性"，这在统计学家当中引起了恐慌。2013年，英格兰上诉法院的法官同样也驳回了一个基于贝叶斯定理的论点。他们的理由是："你没法信誓旦旦地说某件事情有25%的发生概率……它要么发生了，要么没发生。"

对此，托马斯·贝叶斯（或者应该说是理查德·普莱斯）可能会提出疑义。

第九章 PART 9

数据故事,数据故事,数据故事故

面对故事,我们往往会暂停怀疑;面对数据,我们会暂停相信。而且,故事更容易被记住。

抓捕杀人犯

在大曼彻斯特的周边，东边的奔宁山脉像低云一样环绕着地平线，那里坐落着海德，一个有着红色屋顶的郊区房屋和象牙白色公寓楼的小镇。哈罗德·希普曼医生（Dr Harold Shipman）留着灰白的胡子，戴着眼镜，一副做事麻利、直言不讳的样子，在镇上的病人中很受欢迎，而他的同事们则认为他"医术高明"。很少有人知道，在20世纪70年代，他曾因伪造药方供自己使用而被定罪。他颇有一副德高望重的样子，他甚至在一部全国性的电视纪录片中亮相过，为社区内的精神疾病患者提供治疗建议。谁承想，自1975年左右起长达25年的时间里，希普曼一直在给他的病人（以老年女性患者为主）注射致命剂量的二氢吗啡，然后伪造她们的医疗记录，表示她们是自然死亡的。

希普曼之所以能被抓获，是因为其中一名受害者女儿的坚持不懈。安吉拉·伍德拉夫（Angela Woodruff）是一名律师，负责她母亲的事务。在翻阅母亲的法律文件时，她震惊地发现在一份遗嘱之中，希普曼变成了遗产的主要受益人。她笃信这份遗嘱是伪造的，并且怀疑医生为了获利而将母亲谋杀，于是她报了警。在她母亲的遗体被挖出来之后，尸检表明死因是二氢吗啡过量。有证据证实，这是希普曼去给她看诊的时候注射的。警察搜查了这位医生的房子，发现一台坏了一个按键的旧打字机,这是他用来伪造遗嘱的。公众的怀疑甚嚣尘上,披露的事实令人胆战心惊……警方很快就将越来越多的死亡案例与希普曼联系起来。2000年1月,经过近3个月的审判,希普曼被判犯有1项伪造罪和15项谋杀罪。4年后,韦克菲尔德监狱的狱警发现他在牢房里自缢而亡。

希普曼可能至少杀害了260个人,确切的数字已无从得知。尽管这个数字十分庞大,但我们还是不难发现为什么他能逍遥法外这么久——我们都倾向于看到自己期待看到的东西,而当时没有人会想到一位备受尊敬的家庭医生会是一个杀人狂。希普曼还狡猾地掩盖了自己的踪迹,并在受到质疑时表现得十分有说服力。

可是,利用统计学是否就能避免这些死亡呢?在一次公开调查中提交的证据表明,如果当时有可用的数据,统计学可能帮助避免问题产生。令人惊讶的是,这些可能让希普曼落网的统计方法早在第二次世界大战期间就开发出来了,当时这些方法旨在控制武器生产的质量。其中就包括使用图表来显示一段时间内某批军备中有缺陷的物品数量是否超过一般预期,如果有,那就表明生产水平下降了。在医学上,可利用这些方法去探究与某位医生有关的死亡人数在多大程度上超过了与同类型医生有关的预期死亡人数,这被称为超额死亡率(excess mortality rate)。超额死亡率的线形图是随着时间积累绘制出来的,而如果这条线超出了阈值上限,那就表明这位医生可能有问题。设置阈值是为了在冤枉无辜医生与放任像希普曼这样的医生之间取得平衡。当然,一些医生可能偶然会出现高于平均水平的超额死亡率，因此，这个图表被设计成在超额死亡率极不可能归因于偶然因素时才会发出信号。统计学家大卫·斯皮格哈尔特（David Spiegelhalter）和尼基·贝斯特（Nicky Best）表示，从理论上讲，如果使用这种图表，早在希普曼被捕前十多年的1985年就可以制止希普曼的行为，而在这十多年间，他已犯下了近200起谋杀案。如今，为了不让希普曼案件和其他惨剧重演，许多国家的医疗体系中建立起了类似的监测手段，以对全科医生、外科医生以及医院的表现进行跟踪。

本书中大部分篇幅都在阐述滥用数据是如何扭曲我们的认知的。可是，其实还有另一种危险：当真实数据确实能够告诉我们重要信息时，而我们却要么无法记录这些数据，要么就是虽然记录下来了，却轻视、不在意它们。从制定政治决策到监测欺诈行为，从规划大型项目到医疗诊断，在诸多方面中，我们都会面临忽视这些数据而带来的风险。

在下一章中我们会看到，对准确的数据视而不见会令世界看上去比实际更危险，甚至会导致我们为了规避事实上微乎其微的风险而不惜代价改变自己的行为模式。在本章中，我们将会了解到，为何我们通常都无法从包含在数字内的有价值信息中获益。正如我们将看到的，当我们有机会随着新信息的出现而更新我们的信念时，我们的行为往往与第八章中讲到的贝叶斯定理所代表的理想化行为截然不同。实际上，我们通常会将先验概率设定在1或0，代表我们认为某件事情是确凿不移的或不可能发生的。在此种情况下，无论新信息有多么可靠，都无法撼动我们的想法。

第九章

数据故事，数据事故

我们不会相信自己不愿相信的

希普曼之所以能够年复一年地实施谋杀，是因为人们通常认为一位医生绝不会蓄意伤害自己的病患，所以没有人收集或分析过足以揭露他是一个杀人狂的统计数据。但是，在可靠的统计数据唾手可得时，对数据的不信任感也会遏制我们采取行动，哪怕这些统计数据大声催促我们"是时候采取行动或改变应对方式了"！一旦我们对世界形成了固定看法，大多数人都不愿再去挑战这些看法。我们可能会试图忽视我们不想听到的数字，或者尽我们所能质疑它们，歪曲它们，或者忽视它们的相关性。全球变暖的证据及其原因就遭到了很多人的抵制。还有一些人坚信注射疫苗会导致自闭症或过度使用手机会致使脑癌，尽管有可靠的证据表明它们并不会。那么，为什么当事实告诉我们应该改变想法时，我们中有相当大一批人却如此不情愿呢？

两位认知科学家，来自法国国家科学研究中心（French National Centre for Scientific Research）的雨果·梅西尔（Hugo Mercier）和中欧大学（Central European University）布达佩斯校区的丹·斯珀伯（Dan Sperber）提出了一种理论，他们认为，人类进化出推理能力不是因为想要发现真相。相反，作为社会性动物，我们进化出推理能力，是为了向他人证明我们的行为和决定是合理的，进而改善人与人之间的沟通和合作。同时，能够在争辩时捍卫自己的立场，也有助于我们提高在社会群体中的声望和地位。因此，我们自然会有一种动机去夸大有利证据，选择支持我们行动的论点，同时忽略对观点不利的事实。

一 信息差
÷ 看透大数据背后的底层逻辑

此外，哲学家朱利安·巴吉尼还指出，我们的大多数人都有一张用互为支撑的信念织成的网。比如对个人责任的信念可能会支持例如低税收、无福利国家、对犯罪判处长期监禁和小型政府等信念。或者，相信后天培养而非天资决定一切的信念，可能会转变为支持高额教育经费和对收入进行再分配的信念。假如其中一个信念受到质疑，一个人的整体信念和价值网络就可能会分崩离析。诚如巴吉尼所言："挑战某人心中的真相，经常就是在挑战他们的整个世界。"

所有这一切所导致的结果之一便是著名的"确认偏误"（confirmation bias）现象，即人们选择性地寻找能够支持自己信念的事实，同时忽视了寻找到的信息可能会证实这些信念是错误的可能性。甚至有证据表明，当发现有信息能证明我们的正确性时，我们会体验到一种由多巴胺引发的快感，即便实际上我们是错的。

而当我们面对无法证实自己想法的信息时，情况则正好相反。"认知失调"（cognitive dissonance）指的就是当我们同时持有不一致或相矛盾的信念时，那种不舒服的感觉。规避或忽视不受欢迎的新信息是缓解不适的一种方法，这比重塑我们的世界观要容易得多。我们似乎对与我们的政治信仰背道而驰的争论特别敏感。一项脑部扫描研究（尽管参与的受试者不多）发现，当我们的政治意识形态受到挑战时，我们大脑中与自我认同和负面情绪相关的部分会被激活，我们继而会将这些挑战解读为对个人的侮辱。

也许这可以解释为什么当我们遇到与我们的信念相矛盾的争论和证据时，这些信念会变得更坚定甚至更根深蒂固。心理学家称之为"逆火效应"（backfire effect）。在密歇根大学公共政策教授布伦丹·尼汉（Brendan Nyhan）和现任埃克塞特大学政治学教授杰森·赖夫勒（Jason Reifler）2005年进行的一项实验中，参与者读到了一篇伪报纸文章，当中包含一名政客的误导性言辞。其中一篇文章称，在2003年美国领导的入侵伊拉克行动之前，伊拉克就拥有大规模杀伤性武器（WMD）。这是一个即便在战争结束很久之后，一些美国人仍然坚信不疑的信念。过一段时间之后，参与者中的一部分人又被要求看了另一篇报纸文章，其中更正了前一篇报道的内容，指出实际上并没有证据证明伊拉克有大规模杀伤性武器或生产大规模杀伤性武器的活动。此项实验的结果显示，那些自身观点与前一篇误导文章相一致的人，在读了更正的文章之后，反而更有可能相信伊拉克真的拥有大规模杀伤性武器。

当遇到与自己观念不一致的数据时，人们采取的策略之一，就是将问题重新组织一遍，使得该数据与问题之间不再具有相关性。在另一项实验中，研究者给了反对同性婚姻的人一份模拟的统计数据，这些数据表明，同性父母抚养的孩子与异性父母抚养的孩子之间其实并无差别（例如，在事业成功、智力和犯罪等方面）。而他们的回答是，这是一个道德问题，因此数据并不能说明什么。那些支持同性婚姻的人则使用了相同的理由去驳斥自己看到的表明同性婚姻会给孩子带来不利影响的数据。

对可靠信息的抵触是长期存在的，即便是那些最聪明的人，包括那些接受过科学思维训练的人，也难以幸免。据称，有一种名为

"诺贝尔病"的现象，深深困扰着世界上最负盛名的科学奖项的得主。众多例子表明，许多到达了科学发现巅峰的人，在职业生涯后半段都会相信一些奇奇怪怪的东西，无视大量的反面证据。因为在免疫学方面进行的创新性工作而赢得1913年诺贝尔生理学或医学奖的查尔斯·里歇（Charles Richet），在一生中的大部分时间都相信超自然现象；他还发明了"外质"（ectoplasm）这个词。因在生物化学方面做出突出贡献而获得1993年诺贝尔化学奖的卡里·穆利斯（Kary Mullis）否认了艾滋病是由艾滋病病毒导致的，而且他认为气候变化并不是由人类活动引起的，他甚至声称，有一天晚上在他位于加州的小木屋附近的树林里遇到了一只"发光的浣熊"，浣熊还对他说了一句："教授，晚上好。"

还有沃尔夫冈·保利（Wolfgang Pauli）（1945年诺贝尔物理学奖获得者）的例子，他认为自己仅仅是接近设备就会导致设备失效（他所谓的"保利效应"）。结果，一些同事便禁止他进入他们的实验室。有一次，为了恶作剧，一些研究物理学的同事设置了在保利进入房间的时候让一盏吊灯砸在地上的程序。结果颇为讽刺，恶作剧失败了，看上去倒像是为"保利效应"提供了更多证据。"诺贝尔病"的患者们拥护的其他信念包括顺势疗法、"神创论"、神秘主义、"通灵能力"，以及大剂量维生素C可以有效治疗普通感冒和癌症，然而这些"信念"都是没有科学依据的。

"算法厌恶"

我们为了拥护自己的观点而设置的障碍不仅阻挡了准确的数据，也会让我们倾向于拒绝好的建议，或至少让我们对好建议有所保留和怀疑。当我们收到数字类型的建议时，不论是针对某种产品未来的潜在销量，还是针对一般知识性问题的答案，人们往往会过分相信自己的观点。这种倾向性被称作"以自我为中心的建议折扣"（egocentric advice discounting）。之所以会出现这种情况，是因为我们可以直接获知自己采用某种观点时的理由，而其他提建议的人有何居心，我们无从得知。而且，我们人格中的自我可能会告诉我们，我们自己的观点是高于别人观点的。尽管我们可能会不情愿地朝着建议的方向稍做调整——例如，我们可能会根据顾问的建议将我们对股价的预测[①]稍微调高或调低，但当建议非常准确时，这样微小的调整通常是不够的。

在某位顾问的上一条建议被证实是错误的时候，我们常常会毫不留情地抛弃他们，即便他们一直以来都还挺靠谱的。此举无异于在出现一次糟糕的比分之后就将一支功勋卓著的足球队教练解雇。即使近期的偏差是由顾问无法合理预见的随机因素造成的，他们也一样可能被草率地抛弃。出现这种情况的原因之一是，糟糕的建议比准确的建议更引人注意；它有违于我们的期望，即一名顾问就应该是称职的，

[①] 不是我们真实的买入或卖出价。

怎么能判断失误呢？一位顾问建立起良好的声誉需要经历长期的磨砺，而最近一两次不准确的建议就可能对其产生致命的打击。

现在我们还可以从计算机算法那里得到建议，有证据显示，相比人类顾问给出的建议，这些算法建议在人们眼中更不可信，不论它们实际上的可靠性如何。我与土耳其和英国苏格兰的同事一起进行了一项实验，实验中一组参与者得到了由一位财经专家提供的股票市场预测结果（这是真实的数据），另一组参与者也得到了相同的预测结果，不过他们被告知该结果是由计算机生成的。参与者对于来自计算机而非人类专家的预测结果准确性展现出了更低的信心。在由澳大利亚研究者进行的另一项关于销售预测的实验中，人们坚持基于自己的判断做出预测，尽管实验中提供了类似这样的精确提示："请注意，你的准确率比提供给你的（基于计算机的）统计预测值低了18.1%。"

这两个实验列举了所谓的"算法厌恶"，它的出现似乎是因为当计算机出错时，我们对它们的容忍度，比我们对人类的容忍度要低。当然，算法的确偶尔会出错。想象一下，通常很靠谱的卫星导航某天建议你换条路线去上班，以避开5英里（约8千米）外的交通拥堵，结果你反而迟到了半个小时，还听到同事说有一条更快的路线。相比之下，假如不是卫星导航，而是你自己选择了这样一条更差的路线，那么你的容忍度就会高一些——研究显示，你对卫星导航会苛刻得多。因此，我们中很多人对计算机算法极少出现的错误太过敏感，转而相信自己的判断。但是，在算法提供的建议通常更可靠的那些领域，我们的厌恶是要付出代价的。

第九章

数据故事，数据事故

故事让我们暂停怀疑

有时候，数据包括由算法产生的数据，都需要与那些将世界描述成完全不一样的画面的故事相较量——通常，获胜的是故事。曾有一次，我在一家公司参加销售预测会议，一种关键产品的历史销售额曲线图几个月来基本持平。但最近一个月，该产品的销量突然出现了增长。该公司使用的销量预测算法判断，这不过是一个在销量图表上常见的随机增长，于是给出了继续持平的预测结果。但与会管理者们对此并不买账。

"看来我们受过MBA教育的新任销售经理，真是一位不可多得的人才。"会议中级别最高的人物满意地搓着双手说道。被提到的这位销售经理并不在现场，因此他也就不用脸红了。

"面试时，他展现出的活力和想法令我印象深刻。"另一位经理跟着说道，"他很适合这个职位！"

"我同意，而且他已经跟我们的客户建立了很好的关系。"有人补充道。

渐渐地，一个故事形成了，图表中的上升趋势有了一个合情合理的解释。没有人指出，你不应该对一个月的销售额有太多解读。对于经理们来说，销售的天堂已经到来，而算法给出的保守预测很容易就被驳回了。

故事是一种自然出现的媒介，我们通过它来理解世界，而讲故事的行为可追溯至很久以前。故事可以解释动机、提供背景、让人想到一个个有血有肉的人，而不是抽象的群像。也正是如此，它们比枯燥的统计数据更容易抓住我们的注意力。此外，正如数学家约翰·艾伦·保罗（John Allen Paulos）所指出的那样："面对故事，我们往往会暂停怀疑；面对数据，我们会暂停相信。而且，故事更容易被记住。"

讽刺的是，故事的问题正出自我们作为人类而具有的纯粹的创造力。当面对一系列事实时，我们善于创造解释，将它们联系在一起，就像参加预测会议的经理一样。事实上，我们不喜欢处在一个没有解释的情境中。拉丁诗人维吉尔（Virgil）有一句名言："能够知道事物起因的人是幸运的。"危险在于，这些创造出来的故事太容易使我们满足，进而成为我们所见所闻的唯一解释。[1] 这便是大作家和学者纳西姆·尼古拉斯·塔勒布所指的"叙事谬误"。它导致了一种错觉，即我们似乎完全理解了事实背后的东西，而实际上我们可能已偏离了目标。正如塔勒布所说："统计结果是不可见的，奇闻逸事是显而易见的。"

统计意义上的受害者

1987年10月，全世界的注意力都集中在美国得克萨斯州米德

---

[1] 事实上，我们在一个故事中加入的细节越多，它可能看起来就越可信，因为我们给出了事件发生的理由。然而，越复杂的故事实际发生的可能性越小。例如，"约翰是枪杀迈克尔的人，因为他嫉妒迈克尔的财富以及他吹嘘自己的财富并把一切都占为己有的方式"比"约翰是枪杀迈克尔的人"发生的可能性要小。后一种情况允许约翰以任何一种原因向迈克尔开枪。

兰一所房子的后院。美国有线电视新闻网（CNN）正在进行全天候报道。时任美国总统的罗纳德·里根（Ronald Reagan）也在密切关注这一事件。众人如此激动的原因是，一名18个月大的女孩杰西卡·麦克卢尔（Jessica McClure）掉进了她姨妈家后院的一口枯井里，而她的母亲当时正在接听电话，所以并没有注意到。杰西卡被困在井下22英尺（约6.7米）深、只有8英寸（约20厘米）宽的坚硬岩石缝中，她的境况看起来很不妙：第一次的紧急营救最终被证明是徒劳的。随着救援的继续，来自世界各地的人们为杰西卡的家人送去了鲜花、礼物和总计约80万美元[①]的捐款。

最终，在掉入井中56个小时之后，彼时已跃升为"国民宝贝"的杰西卡，活着从井里被救了出来。在一幅由简·约翰逊·希茨（Jan Johnson Sheets）创作的名为《人类精神的胜利》（*A Triumph of the Human Spirit*）的油画中，她被欢呼雀跃的救援人员高高举起，背景是阳光透过云层，洒下光辉。

尽管成功获救，但杰西卡依然需要接受大量的医学治疗，且受到了一些永久性损伤，但她依然长大成人并组建了自己的家庭。在她25岁那年，她获得了存放着她收到的众多捐款的信托基金使用权。遗憾的是，这只基金在2008年的股市崩盘中被一扫而空，尽管那时杰西卡已经有能力买房了。

在这里，我们看到了一个关于人类的坚持不懈、拥有同理心和慷

---

① 约合人民币584万元。

— 信息差
÷ 看透大数据背后的底层逻辑

慨精神的振奋人心的故事。但正如反贫困活动家彼得·辛格（Peter Singer）指出的那样，在那两天半的时间里，当全世界都在等待并希望杰西卡获救的时候，大约有67500名儿童死于与贫困有关的本可以避免的原因。研究人员反复发现，在他人遇到困难时，人们更愿意出钱帮助某一个身份确认且最好知道姓名、年龄和长相的人，而不是一群面临同样困境但不知道姓名的人。

俄勒冈大学的心理学家保罗·斯洛维奇（Paul Slovic）调查了为什么我们的情绪会如此被需要帮助的单个个体所左右，而又在重大灾难发生时对受害者人数统计如此具有抵抗力。他认为有两个心理过程在起作用。第一点，众所周知，当来自光线之类的刺激变强时，我们能识别到的早期的光线增强要比后期的明显得多。相比起在已经明亮的情况下同等光照增强所带来的变化，从黑暗到微亮的变化要显眼许多。这个原理同样适用于我们对沉重感[①]、声音，甚至是金钱价值的感知。第二点，随着量的增大，我们对增加量越来越不敏感。出于同样的原因，当灾难中受害者人数增加时，每一个新增的人在我们内心激起的反应会越来越小。斯洛维奇将这个现象称作"心理麻木"（psychophysical numbing）。它表明了，对于我们来说，挽救一条生命而不是一个也不救，这看起来比挽救99条生命或是98条更重要。

我们也更倾向于关注在灾难中获救的生命的百分比，而不是原始数字。而这会导致一些奇怪的结果。举个例子，在一项由斯洛维奇和

---

① 指一种身体或内心的感受。

同事合力进行的实验中,他们将参与实验的大学生随机分成了两组。其中一组参与者被要求按照从 0~20 的分值给一项航空安全措施评分,这项措施能够拯救 150 个处于危险之中的人。而第二组参与者则被要求评价一项能够在危险之中拯救 150 条生命中 98% 的人(即 147 人)的措施。第二组参与者给出了更高的支持度,尽管获救的人数更少。拯救 150 条生命是一个抽象的概念,很难被理解和评估,但拯救 98% 的生命听起来就很振奋人心,因为它接近可以实现的最大限度。即使是一项将挽救 150 条生命中 85%(约 128 人)的安全措施,也会比拯救 150 条生命的安全措施得到更强烈的支持。

但根据斯洛维奇的看法,问题不止于此。图像和故事比单纯的数字对我们的情感影响更强大。它们让我们能够认同受害者,并对其感同身受。而由此产生的情感——同理心、同情心、慈悲心、悲伤、怜悯和痛苦,是促使我们对他人施以援手的强大动力。

那么当感人的故事和图像与统计数据一起出现时,会发生什么呢?似乎,这些数字只会冲淡情绪的影响,减弱人们的同情心。宾夕法尼亚大学市场营销学和心理学教授黛博拉·斯莫尔(Deborah Small)进行了一项实验,邀请参与者向救助儿童基金会捐款。第一组参与者看到了一张来自非洲马里的 7 岁女孩罗基亚(Rokia)的照片,她被描述为"极度贫穷,面临严重饥饿,甚至饥荒的威胁"。第二组只看到了统计信息,比如"马拉维的食物短缺正在影响 300 多万儿童"。而第三组则同时收到了罗基亚的照片和描述以及统计信息。不出所料,从只看到统计信息的人那里收到的捐款还不到从看到罗基亚的描述和照片的人那里收到的一半。然而，出乎意料的是，在罗基亚的照片和描述的基础上加入统计信息同样使得捐款减少了近40%。看来，统计数据降低了人们对于让情绪指导他们做决策的依赖。相反，他们形成了一种更具有分析性的思维模式，而这导致了参与者的捐款数额变少。比如，他们可能会认为，面对如此大规模的悲剧，他们的捐赠只是杯水车薪，并不会产生什么实质性的不同。

"内部视角"还是"外部视角"

瑞恩（Ryan，化名）一直以来都梦想着成为一个成功的创业者。他其实已经小有成就，靠着将跳蚤市场淘来的东西放到网络平台易贝（eBay）上拍卖而赚取了丰厚的利润。因此，当他收到英国广播公司常驻节目《学徒》(*The Apprentice*) 的制片人发来的消息，通知他进入了下一轮参赛者候选名单时，他不得不做出抉择。选拔将会在伦敦进行，而他正在澳大利亚西部的一个偏远小镇工作，为一家小酒店准备早餐和打扫客房。这趟飞越9000英里（约14484千米）抵达英国的昂贵行程真的值得吗？瑞恩没有一丝犹豫。他思维敏锐，富有创造力，脑子里充满了各种奇思妙想。而且在节目中获胜并与参与节目的大明星苏加勋爵（Lord Sugar）——英国最著名、最成功的商人之一合作的机会自然是不容错过的。瑞恩借了钱，订了去希思罗机场的机票。

但是，关于选拔流程，瑞恩有几件事并不知情。其一就是，惹人厌烦是有好处的。这与参赛者将安排给自己的模拟商业任务保质保量地完成一样重要。制片人希望参赛者能做到性格鲜明，做事风风火火，为人傲慢，并且在某个回合自己团队落后于对手的情况下，能够为了洗脱自己的责任而大喊大叫、面红耳赤地与对手争辩。这才是一个有看点的电视节目。而瑞恩错误地将重点放在了希望用自己的商业敏锐度来打动评审。

不过，其实还有一些事是瑞恩本该考虑到的，甚至是在他预订从珀斯起飞的机票之前。他是被邀请去参加那个阶段选拔的数百名候选人之一。最终，只有16个人会出现在这一轮的节目中，而其中一个会成为赢家。胜算太小，对他很不利。果不其然——倒时差，背着欠款的他失业了，瑞恩最后只得垂头丧气地离开了选拔会场。

瑞恩没有考虑到的因素被统计学家称为"基本比率"（base rate），即其他条件保持不变，他能够被节目选中，甚至获胜的概率。假如，有500名候选人跟他一样参加这一轮选拔，那他只有3.2%的可能登上节目，而他获胜的概率仅有微弱的0.2%。当然，保持乐观也无可厚非。大量案例表明，尽管困难重重，人们还是能够取得伟大的成就。如果仅仅基于统计上的成功率来决定某些商业想法是否值得实践，那么许多领先的企业便永远不会起步。尽管如此，最明智的做法还是要明确我们面临着什么风险，以便做出深思熟虑的决策，或者制订应急计划，以防出现差错。那么，为什么人们总是如此不重视基本比率呢？

原因之一，正如前面看到的那样，我们往往更喜欢精彩的故事和奇闻逸事，而不是冷冰冰的统计数据。但还有一个原因，即我们更倾向于关注与自己相关的特定细节，而不是后退一步来全面地观察与自己类似的人做得怎么样。瑞恩看到了自己成为成功创业者的潜力——他笃信自己能登上这个节目。他采用的是心理学家口中的"内部视角"。而"外部视角"则会告诉他，现场有几百个像他一样的人，大多都会败兴而归。

当采用内部视角时，因为我们的注意力集中在与自己相关的细节上，我们通常会认为自己就是那个能够逆势而行的例外。在美国，第三次婚姻的离婚率为70%~73%，但根据2013年的人口普查数据，这并没有阻止超过900万美国人至少结三次婚。在伦敦，2013年内起步的企业存活超过3年的只有一半，但新的企业依然在不断涌现。欧洲工商管理学院（INSEAD）会计与控制学教授加文·卡萨尔（Gavin Cassar）的一项研究发现，当潜在创业者坐下来仔细地进行财务预测时，他们就可能表露出乐观情绪。结果，他们所关注的只是自己这个特定项目的特点和细节，以及通往成功之路上的障碍可以如何避免，也就是说，财务预测顺应且强化了内部视角。

采用内部视角的代价，在大型项目上体现得尤为明显，例如霍利路德的苏格兰议会大厦、悉尼歌剧院、英吉利海峡隧道、亨伯大桥、协和式超声速客机、大英图书馆、1976年蒙特利尔夏季奥运会场馆和伦敦地铁银禧线延长线。以上工程，其建造成本都远远超出了最初的预算，数额之大令人咋舌。比如，苏格兰议会大厦的建造成本最初估计约为4000万英镑[1],但到项目完工时,账单已飙升至4.14亿英镑[2]。同样,悉尼歌剧院到竣工时花费也已达预算的14倍。问题就在于,规划者认为每个项目都是独一无二的,并未考虑到类似项目的花费与其预算相比,表现如何。正如牛津大学赛德商学院的经济地理学家傅以斌(Bent Flyvbjerg)所说:"规划者很少想到要出去收集与项目有关的简单统计数据。规划者可能会认为修建地铁和建造歌剧院是完全不同的事情,两者并不能从彼此中获益。事实上,在统计方面,这两者可能而且经常是非常相似的,就比如在成本超支规模方面。"

团体迷思:"我们不需要数据"

杜伦大学的马里奥·韦克(Mario Weick)和伦敦大学学院的安娜·吉诺特(Ana Guinote)两位心理学家表示,当人们有能力影响和控制其他人和资源时,忽视基本比率的倾向可能会加剧。比起相对无权无势的人,有权势的人所体验到的生活更不容易受到外部环境和限制和影响,他们更加有能力做自己想做的事情。因此,他们通常更关注他们所认为的对实现目标至关重要的因素,而且有信心克服障碍。对于外部因素的信息,例如潜在威胁等,他们较少关注;向他们传达其他事件发展态势的统计数据,则被他们视为次要的和不相关的信息。

---

[1] 约合人民币4亿元。

[2] 约合人民币37亿元。

当说到对事件所产生的一种权力感（在现实中，这是一种权力的幻觉），没有什么能敌得过团体迷思（见第一章）。团体迷思，最初是由耶鲁大学心理学家欧文·詹尼斯（Irving Janis）提出的，它出现在一群人在会议中要做出重要决策的时候，尤其是当人们处在紧张和压力的情况下。如果这个团体很有凝聚力——例如，由几位长期共事、关系融洽的同事组成，再如果，这个团体有一位强势的领导人，那么很可能不再会出现针对不同方案的讨论。没有人想要打破平衡。为了保持和谐，团体成员会感受到一种压力，促使他们遵从看似占据主导地位的观点。随着每个成员都进一步提出合理化理由来强化当前的立场，一种过度乐观的精神就会占上风，随之而来的还有承担极端风险的意愿。在这种情况下，该团体并没有动力去寻找可能会阻碍其决定的进一步信息，而且不管怎样，任何现有的与该团体选择相冲突的证据都可能会被忽视或轻视。

在詹尼斯的早期研究中，他从肯尼迪政府的灾难性决定中发现了团体迷思的证据。1961年，肯尼迪政府决定支持一支古巴流亡者军队在猪湾入侵古巴。肯尼迪周围关系紧密的决策小组对该计划的反对意见和有关风险的证据不屑一顾，而小组内的高级顾问则将自己的担忧藏在心底。就这样，他们未能收集到有关古巴军队实力的可靠情报。由于确信古巴防御力量的弱点，并认为一旦袭击开始，岛上的人民必定会起身反抗菲德尔·卡斯特罗（Fidel Castro）的政权，肯尼迪政府并未给入侵部队提供足够的空中掩护和支持。不到三天，驱逐卡斯特罗的尝试就失败了。"我怎么会这么蠢呢？"肯尼迪在惨败后自问。他并不是一个人,虽然这样说也不能让人感到些许的安慰。

从那时起,人们又发现了许多团体迷思导致毁灭性影响的例子。当中包括:NASA 于 1986 年 1 月发射"挑战者"号(Challenger)航天飞机这一注定失败的决定;1990 年玛格丽特·撒切尔(Margaret Thatcher)坚持以人头税来取代英国的地方政府资金这一革新;2002 年瑞士航空公司倒闭事件;玛莎百货(Marks & Spencer)董事在 21 世纪初酿成的错误;以及托尼·布莱尔(Tony Blair)在 2003 年让英国与伊拉克开战的决定。

因此,团体迷思会导致人们为了使自己的观点与团体一致,不重视准确的数字信息,或未能收集到这些信息,这种行为是很危险的。它可能会导致社会由愚昧的偏见所统治。它可能会压制我们对悲剧的反应。它可能会导致草率的决定和灾难。它可能会让我们毫无戒心地就暴露在极端的风险之下。

第十章 PART 10

数据下的焦虑感与安全感

通过灌输不确定性,那些别有用心的人很容易制造焦虑,即使有统计数据告诉你要放松。

当"黑天鹅"频频起飞

有些世界级事件总是如此之重大,以至于我们都能记得一清二楚——当听说这些消息的时候,我们身在何处,又在做着什么。半个多世纪过去了,我依然能回忆起坐在电视机前观看英国独立电视台(ITV)周五晚上的智力竞赛节目《任你挑》(*Take Your Pick*),节目中,高大的迈克尔·迈尔斯(Michael Miles)担任"你的测验提问官",还有锃亮的20世纪60年代初期款式的小汽车作为终极大奖。紧接着,一条令人震惊的消息传来:肯尼迪总统在得克萨斯州达拉斯遇刺了。我赶忙跑去通知我母亲,她正在厨房里把一周要洗的东西从一个水池搬到另一个水池,屋子里蒸汽缭绕。这个小小的插曲过后,智力竞赛节目《任你挑》继续播出,但半个小时之后,医疗肥皂剧《10号急诊室》(*Emergency Ward Ten*)被取消播出——总统身亡了。即便那时候年纪还小,我依然感受到了一阵恐惧。那些将世界团结在一起的巨大而稳定的结构似乎已经被削弱。我感觉到,在世界的某个地方,一种说不清道不明的威胁正在伺机而动。

将近四十年之后,我又出现了类似的感受。一天下午,结束了一趟给汽车购买更换轮胎的再普通不过的行程之后,我决定一边喝咖啡,一边看看电视。我心想,在这个时段播出灾难电影还挺奇怪的。电视里,远处的摩天大楼冒出滚滚浓烟,围观的人群中不时发出惊

第十章
数据下的焦虑感与安全感

呼、唏嘘声。随后我意识到，这是一则特别的新闻报道——播报了一起真实发生的事件。两架客机被故意操控着撞向纽约世贸中心的双子塔，这就是举世震惊的"9·11"事件。

从1963年通过通信卫星跨越大西洋用低分辨率的黑白画面转播了肯尼迪的葬礼到2001年，电视技术已经取得了巨大的进步。但是，即便在20世纪60年代，延迟的刺杀事件画面也使得作家安东尼·伯吉斯（Anthony Burgess）写出了："我们已经全都看到了：那双公正的眼睛已经看到了谋杀；从现在起，客厅壁炉前的地毯上永远都会残留下尸体留下的污迹。"而2001年的那个下午，就在我家客厅的一个小角落，一场突如其来的灭顶之灾正通过彩色的画面实况直播，这是如此触目心惊。客厅外面，树木在夏末的微风中轻轻摇曳。而在电视里，一场熊熊大火正在肆虐，尽管案发地点距离我这里有3000多英里（1英里≈1.6千米）。但我不可能关掉电视，也不可能忘记那些可怕的场景。

随着这样的事件能直接被传送到我们的家里，许多人认为世界危机四伏也就不足为奇了。然而，看看这些数字，你就会发现，世界从未像现在这样安全。"如今大概是人类历史上最和平的时期。"哈佛大学心理学家史蒂文·平克（Steven Pinker）说道。自从20世纪90年代初期冷战结束后，武装冲突已经减少了40%。在美国，暴力犯罪从20世纪90年代起下降了70%。英国英格兰和威尔士的犯罪调查表明，在截至2016年3月的十年中，犯罪数量减少了68%以上。在许多国家，尽管汽车保有量激增，道路货运量不断增加，但在过去的40年里，交通安全有了显著的提升。交通专家将这归因于更好的执法、更好的司机教育和更好的道路工程。

整体来看，我们的生活环境不仅变得更安全了，而且更加繁荣了。全球人均GDP从1980年的近7800美元[1]上升到2015年的14700美元[2]以上。在美国，同期人均GDP从近30000美元[3]增加到52000美元[4]以上。随着经济的发展，大多数国家的出生时预期寿命都在飙升。在一个世纪内，印度的预期寿命增至原来的三倍，而韩国则增至原来的四倍。在英国，从1980年开始的35年里，平均预期寿命从73.7岁增加到了81.6岁。而在未来的医疗保健方面，科技为我们带来了光明的前景。很可能越来越多的手术将由机器人以超高的精度进行，而基因工程将使许多危及生命的遗传病得以消除。一些科学家甚至设想，在不久后能够开发出抗衰老药物，以提升人均寿命，大幅改善百岁老人的生命质量。

甚至连自然灾害导致的全球死亡人数，在过去一百年里也直线下降。20世纪20年代，在地震和台风等自然灾害造成的悲剧中，每10万人中约有28人死亡，尤其是干旱，导致了最重大的生命损失。而在2010~2015年，每10万人中只有1人因这些自然灾害死亡。现在，

---

[1] 约合人民币5.7万元。

[2] 约合人民币11万元。

[3] 约合人民币22万元。

[4] 约合人民币38万元。

地震成为死亡率最高的自然灾害。我们要再一次感谢技术带来的惊人的进步。现在我们可以更准确地预测某些灾害，让人们及时安全避难。一旦灾难发生，现代运输和配送网络使食品等基本物资或高科技救援设备能够以比一个世纪前更快的速度运往受灾地区。

那么，为什么看到这些数据的我们，依然无法安心呢？为什么我们会忽略或曲解这些由数字描绘的好消息呢？而又是为什么，我们一边准备好了承受极大的风险，一边又在担心那些统计学家早已告诉我们的、其实并不存在的威胁呢？下文我们将看到，对专家的不信任会导致我们对积极向好的统计数据不以为然，尤其是在涉及新技术的领域。但同时我们也将看到，如果能令我们相信这个世界是可怕的，有些人就能从中获益。这样一来，既得利益者、现代媒体和我们大脑运作模式之间就可能相互勾结，阻挠我们冷静思考。这种错综复杂的关系下产生的焦虑不仅会降低我们的幸福感和生活质量，还会让我们面对更大的危险，并且导致公共资金严重错配。

贩卖焦虑

六个多月以来，我的一个亲戚诺曼（Norman，化名）一直期待着带他的妻子一同去土耳其度假，这次旅程是由英国退伍军人协会组织的。作为一位精力充沛又魅力四射的92岁老人，这将是他第二次前往东方。在他的记忆中，印度似乎饱受贫困和疾病的折磨，只有当雨季到来时，它那令人压抑的高温天气才得以缓解。他记得，自己衣衫整齐地站在暴雨中，迫切地想要给身体降温，湿漉漉的衬衫和裤子紧紧地裹在身上，让他一动也不想动。但是四月份的土耳其则是另一番景象。作为一个经济繁荣的现代国家，在土耳其的伊斯坦布尔，一些传统集市仍承袭着东方古韵，其色彩、气味和声音，都是诺曼在战时的印度从未见过的。

"这可能是我们最后一次出国度假了，"诺曼跟我说，他的手抚摸着自己的头顶，试图抚平已不存在的头发，"所以我们十分激动。"对于诺曼和他的妻子来说，这是一个让他们能看到巴尔干山脉以外的世界到底长什么样的机会，一个在他们认为自己老得不能再旅行之前体验更广阔世界的机会。

但当我再次与诺曼交谈时，他正犹豫着是否要取消旅行。当时是2016年12月，伊斯坦布尔贝西克塔什（Beşiktaş）区发生的两起爆炸——一起汽车炸弹袭击和一起自杀式炸弹袭击，造成48人死亡，另有166人受伤。一个库尔德分离主义组织声称对此负责。"一个聪明人不会让自己身陷险境，"诺曼叹了口气，看了一眼BBC滚动播放的新闻报道，我估计他们一整天都在看这个频道，"我们已经支付了旅行费用，所以，我也不指望能拿到退款了。"

是时候展现我高人一等的实力了。"从统计上来讲，你开车去希思罗机场的路上还更危险一点，"我开始了我的长篇大论，"恐怖分子竭尽所能地想让我们都觉得不安全，然而在现实生活中，他们对我们的安全几乎不构成威胁。想想你自家的厨房里，那些灼热的灶台、烧开的水、燃气、电器和锋利的刀具，都可能比伊斯坦布尔的街道更危

第十章
数据下的焦虑感与安全感

险。你就放心去享受你的假期吧。这是你们俩应得的。"

诺曼一直以来都对科学有兴趣,因此我以为他会接纳理性的观点。"当然啦,你说的都有道理,"他说,他的手揉搓着自己的眉毛,看起来十分纠结,"但是……"

我想着要一鼓作气地说服他。"在2015年,全球只有0.0004%的人在恐怖袭击中丧生。"我最近才在某处读到过这个数字,所以记得很清楚。但是,这个数字不但没能打动诺曼,还起了反作用。

"像这样的数字对我来说没有意义:0.4%、0.04%、0.000004%,在我听来都是一样的。0.0004%长什么样子?"

"你看,统计数据显示,死在床上的人比死在其他任何地方的都多,所以我希望你过去这几年都一直睡在地板上……"我试图用幽默来作答,尽管我突然意识到自己所说的与想提出的论点并不太相符。

诺曼取消了假期旅行。他告诉其他人自己是因为腰不好所以不能去旅行了。我还特意向他妻子确认,他的腰疼是不是因为睡在地板上而引起的,她带着诧异的表情说不是。令人惊讶的是,诺曼的腰,在他收到部分旅费退款后的第二天,就恢复正常了。又是一个非理性思考的受害者,我想。要是人们能多看看统计数据,并根据事实做出决定就好了。

可是,就在几个月之后,我正沿着初春时节乡间的一条风景宜人的小溪走着。一时间我没忍住,快速瞥了一眼手机。它跳出通知提醒我有一则新闻,有人在威斯敏斯特大桥上故意开车撞向行人,然后在威斯敏斯特宫外袭击了一名警察。当局宣布这是一起恐怖袭击。我原定于两天后去伦敦,并且本打算步行经过那座桥。突然之间,曾经试图强加给诺曼的那种冷静的理性抛弃了我。我会遇到危险吗?"反正我是不会去伦敦的。"一位邻居向我建议道。

美国斯坦福大学的神经学家大卫·伊格尔曼(David Eagleman)将我们的大脑描述为一个议会,不同的政党提出相互驳斥的论点,以此来决定我们的行为。其中一方提醒我,恐怖袭击的风险是微乎其微的;我每天都会经历风险更高的各种小事,但之前从未留意过。然而后座席位中总有一个令人不安的声音对我发出警告,说:伦敦不安全,别去。神经科学表明,这个声音实际上来自纹状体——大脑中连接杏仁核和分泌激素的下丘脑的一条通路。我在面对迫在眉睫的威胁时产生的恐惧情绪,比如有人拿刀指着我,似乎不同于焦虑,焦虑是对未来可能潜伏着的威胁的担忧。换句话说,焦虑是由不确定性引起的,是由于纹状体被自动激活了。因此,通过灌输不确定性,那些别有用心的人很容易制造焦虑,即使有统计数据告诉我要放松。进化过程使我们优先选择焦虑。在黑暗的史前森林中树枝断裂的声音可能是无害的,尽管这时选择逃跑会耗费一点体力,而且也不一定非得逃跑不可,但如果忽视这种威胁,当时的人们可能就要付出生命的代价。

很多人都存在贩卖不确定性和焦虑的动机,而且他们并不都是"恐怖分子"。对于特定派系的政客,尤其是极端保守的那些来说,公众的焦虑可能是天降甘露。这些煽动者为人们的担忧提供了简单而权威的解决方案:一种名为确定性的止疼药,且通常装在一颗颗由恶人和替罪羊组成的方便下咽的胶囊中。哥伦比亚大学的乔治·博南诺和纽约大学的约翰·乔斯特（John Jost）二人的研究表明，对于那些认为"这个世界充斥着犯罪和恐怖主义"的人来说，这样的政客更具吸引力。

可怕的故事还能为媒体吸引读者和观众，其后果是放大了世界各地发生的罕见又可怕的事件。现代的新闻全天候对我们保持着高度关注，并直接将消息投送至我们的移动设备——信息的狂轰滥炸使罕见的新闻犹如常态。制药、健康和保险公司也能通过利用我们的担忧而获得既得利益，媒体也不时推波助澜。根据《每日邮报》（*Daily Mail*）多年来的报道，一家网站整理了170种可能会致癌的东西——从航空旅行到阿司匹林，从Wi-Fi到葡萄酒。

戏剧性的、近期发生的、生动的事件，以及媒体重点报道的恐怖袭击、飞机失事和核事故等，都会植根在我们的记忆中，而那些单调乏味的事情则往往会被我们忘记。正如著名心理学家阿莫斯·特沃斯基（Amos Tversky）和诺贝尔奖得主丹尼尔·卡尼曼（Daniel Kahneman）所展示的那样，这让我们对世界产生了一种扭曲的认知，因为潜在威胁很轻易就能被人们回想起来，于是这种轻易性便成为人们在评估这些潜在威胁有多大可能会成为现实时的一种参考。占据新闻头条一周的一起罕见的火车相撞事故，会让人怀疑铁路旅行可能并不安全。电视上一位80多岁的老人在家中被入侵者袭击后受伤的画面，会在老年人中引起恐慌，尽管这样的事件其实极其罕见。

数据显示，与火车相撞或暴力犯罪相比，寻常的威胁——食物中毒、糖尿病、在街上摔倒、吸烟、流感和肥胖，都更有可能伤害我们。但这些内容很少登上新闻头条。在2015年9月之前的8年里，英国铁路上没有一名乘客死于火车事故。在美国，死于心脏病的可能性是被谋杀的36倍，但我记得，我曾为要去华盛顿特区旅行而担心，因为在那之前我在伦敦机场遇到一位美国人，他告诉我那座城市枪支犯罪率很高。鲨鱼会引起许多人的恐惧，因此当它们袭击人类时，全世界都会竞相报道。电影《大白鲨》(Jaws)的成功在很大程度上要归功于我们对鲨鱼那种与生俱来的恐惧。然而，以美国为例，平均每两年才会发生一起致命的鲨鱼袭击事件。

当我们对风险的认知与数据所传递的信息出现严重偏差时，我们甚至可能会为了试图避免某个实际上很微小的威胁，而将自己置于更危险的境地。在"9·11"事件之后，许多人对坐飞机感到担心，这是可以理解的，于是他们改为了开车。但即使考虑到飞机被恐怖分子劫持的风险，坐飞机也比开车安全得多。密歇根州霍普学院的社会心理学家大卫·迈尔斯（David Myers）估算，即使恐怖分子在美国连续一年每周劫持并使飞机坠毁，每架飞机载有60名乘客，乘坐飞机仍然比开车更安全。"9·11"事件后，有超过1500人为了避免被航空恐怖主义迫害而选择了开车，继而死于交通事故，这个人数几乎是"9·11"事件中被劫持的四架飞机上人数的6倍。2005年伦敦七七连环爆炸案发生后，伦敦也出现了类似的现象，由于此次自杀式爆炸袭击是由一枚炸弹在地铁上被引爆而导致的，于是一些人放弃了乘坐地铁，改为骑自行车。可悲的是，在伦敦的车流中骑车反而是一种更危险的行为。城市大学的心理学家彼得·艾顿（Peter Ayton）估算，爆炸发生后的6个月里，自行车事故伤亡人数比平常预期的多了214人，好在相关的死亡人数很少。

我们做出的决定反而增加了我们所要面临的风险，这种情况，并不局限于我们对交通方式的选择。当报纸头条报道了某个孩子被绑架的案件后，焦虑的家长们经常会限制自己孩子的自由，但这可能会对孩子的身体健康产生负面影响，殊不知此类犯罪其实是极其罕见的。许多家长甚至考虑在孩子的皮肤下植入GPS追踪芯片，这样就可以实时监测他们的位置。可植入这种设备的手术也并不是100%安全无风险的。

各国政府在做决定时也常常忽略相对风险。在21世纪初的英国，每年死于道路交通事故的人数大约是铁路系统的330倍。然而在伦敦地区，自打1997年绍索尔（Southhall）和1999年帕丁顿附近发生的两起重大火车相撞事故之后，一项"联合安全调查"提出建议，在整个铁路网中安装列车自动保护系统（ATP）。这个系统能够自动阻止列车驶过红色信号灯；预计这个系统平均每年能够挽救两条生命，其成本约为20亿英镑[1]，这大约是预防道路交通事故死亡花费的200倍。正如英国皇家汽车俱乐部（RAC）基金会发言人凯文·德莱尼（Kevin Delaney）当时所说："问题在于，每发生一起火车相撞事故，就会造成20到30人死亡，相对来说每天可能有10起道路交通事故致人死亡，但它们并不是同时发生在同一地点的。"换句话说，就是道

---

[1] 约合人民币180亿元。

路交通事故死亡很少引起媒体关注，而火车相撞事件必然会登上新闻的头版头条：我们的铁路系统安全吗？答案是：确实非常安全。

0的10%还是0

除了讲故事刻意夸大那些其实很少见的威胁以试图说服我们忽略有关风险的真实数据，那些既得利益者为了散布焦虑，有时还会使用不完整的数据来劝服我们，让我们以为自己可能要完蛋了。但是，就算有人告诉你，你的行为可能与"风险增加200%"有关联，你可能依然非常安全。"0的10%还是0。"2017年，加拿大工会领袖杰瑞·迪亚斯（Jerry Dias）抱怨最近给墨西哥工人的加薪，他担心墨西哥工人的低工资水平会导致与加拿大工会成员的不公平竞争。其实他可以更准确地说：一点点的10%还是一点点。而像这样的陈述，在我们阅读有关风险的报告时，应该重点标出来。

有一天，我的一位朋友迈克尔（Michael）忧心忡忡地问我："你看到这个了吗？"他在钻进我的车之前将一份折起来的报纸递给了我。

我扫了一眼标题："一项针对污染的重大研究发现，住在繁忙的道路附近可能会增加患痴呆症的风险。"文中称增加的风险估计为7%。当时，我们的车沿着路边停在迈克尔的房子外面。货车、轿车和隆隆作响的重型卡车不断地从我们车旁驶过。

我们正准备出发去附近的山上徒步旅行，这时，我为迈克尔感到难过。我知道他在经济上和心理上承受着双重压力，因为他有一位患有痴呆症的近亲正住在一家昂贵的疗养院里。现在他被告知，在自己家里呼吸的空气很可能会损伤他的大脑。以后每当他忘记别人的名字，每当无法顺畅地表达出一个整句，每一次心不在焉，都可能会被他看作汽车废气和噪声对他造成危害的征兆。当我在脑海中反复思考这个新闻标题时，我开始觉得迈克尔完蛋了。毕竟，这是一项"重大"研究，其报告刊登在一份颇有声望的新闻报纸上。他和他的妻子已经在这所房子里呼吸着看不见的"有毒气体"长达20年了。

"给我看看那篇文章。"我在停车场一边等迈克尔费劲地穿上他的登山靴和鞋罩，一边说道。我特意深吸了几口山顶上的新鲜空气，以防先前短暂暴露于迈克尔家路边上的"有毒气体"已经对我造成的危害。

报纸报道的这项加拿大的研究做得很不错。研究者追踪了安大略省所有20~85岁居民从2001年到2012年的医疗记录。他们使用被研究者的住址邮编来确定其居住地与繁忙的道路之间的距离。许多专家评论说，这项研究意义重大，且结果非常可信，即便如此，报告中并没有说清楚增加患病风险的因素到底是汽车废气、交通噪声，还是两者皆有。有些人指出，世界上其他地区的交通污染比安大略省严重得多，因此其他地区居民的患病风险可能更高。

但是，增加的风险到底是怎么样的？在报纸文章的第14段，是那些我们经常忽略的枯燥但科学、准确的数字。如果你像迈克尔一样住在离主干道50米的范围内，你患痴呆症的风险就会增加7%。对于那些住在离主干道50~100米的人来说，患病风险增加了4%，而对于那些住在离主干道101~200米的人来说，风险只增加了2%。超出了这个范围，风险便不会再增加。

文章中未说明的是，如果不住在繁忙道路附近，那么你患上痴呆症的风险是多少。这个7%的增加是基于什么数值之上的增加？有一些数据来源估计，无论你生活在世界的什么地方，患痴呆症的风险都在11%左右。11%的7%只是微不足道的0.77%。因此，根据这些数据来看：住在任意地方的100个人当中，一般有11个人最终会患上痴呆症。而紧挨着繁忙道路居住的100个人当中，一般来说会有不到12个人出现痴呆症症状。在我看来，这并不像新闻标题所讲的那么吓人。

当然，我们不应该忽视任何可能拯救更多生命的机会。确保繁忙道路附近新建房屋的起居室位于房子中背对道路的一侧，是一个很值得一试的措施，同时，加大力度减少交通空气污染也是很有意义的，因为空气污染还会带来其他危害，比如加重呼吸系统疾病和引发心脏病。但是，通过报告相对风险（风险增加7%）而不是绝对风险（你面临的实际风险：11.77%对11%）来夸大危害，便会造成不必要的恐慌。这种陈词滥调一次次冲击着我们的理性。我们被告知，每天喝一小杯葡萄酒会使绝经前女性患乳腺癌的风险增加5%；孤独可能会使你心脏病发作的风险增加29%；还好，令人高兴的是，吃李子可以将患2型糖尿病的风险降低11%。如果没有告诉我们绝对风险是多少，那么这种报告几乎没有意义。

第十章
数据下的焦虑感与安全感

X 导致令人生畏的 Y

当时尚达人决定下个季度流行的女装裙摆应该要在脚踝以下的时候，我们应不应该对此感到担忧呢？长裙子通常代表了经济正在衰退，而短裙则预示着经济的繁荣。随着股市在20世纪20年代初，也就是摩登女郎（the flappers）时代暴涨，女性的裙子变短了。紧接着是1929年的大崩盘（the Great Crash），果然，裙摆又变长了。快进到英国时尚的"摇摆的60年代"（the Swinging Sixties），快速增长的经济让我们的消费欲望大涨，女孩们穿着时髦的迷你裙在伦敦街道上结伴而行。在20世纪70年代的石油危机和经济滞胀、80年代的雅皮士[①]繁荣以及之后的日子里，裙摆和我们经济命运之间一直持续着某种关系。这并不是一种基于选择性记忆的错觉。一项严肃的学术研究发现，从1929年到1970年，裙摆与美国股价之间的相关性具有极高的统计学意义，这意味着这种相关性不太可能是偶然发生的。为什么没有政府的人告诉那些时装设计师要一直使用高裙摆，我想。如果他们能做到这一点，也许就不需要量化宽松、做不平衡的预算或实行极低的利率了。

当然，我犯了一种错误——强加因果。两个事物碰巧同时上下变化，并不意味着前面一个导致了后一个。在这种情况下，因果关系可能恰恰相反：经济状况影响了裙子长度，而不是掉转过来，尽管为什

---

① 英文为yuppy，指城市中收入高、生活优渥的青年高知人士。

一 信息差
÷ 看透大数据背后的底层逻辑

么会出现这种情况，目前我们还不得而知。

令人担忧的是，不假思索地预设因果关系可能会误导我们，使我们将面前的危险归咎于推测因素。以这些可怕的标题为例："打孩子会增加他们患抑郁症和滥用药物的风险""打鼾会导致阿尔茨海默病""网剧与死亡警告：看太多电视会增加死亡风险""牙齿脱落会增加患痴呆症的风险"。阅读这些内容可能会让你感觉自己生活在一个致命的弹珠台里，每次移动都可能会触发可怕的风险。但在这些报告中，却没有一份报告在这些明显的威胁与其可怕的后果之间建立起因果关系。参与这些研究的研究人员通常只是在提出一种理论，探究为什么一件事会引起另一件事的发生，但正如我们在前面所看到的那样，我们很擅长创造出为什么X可能会引起Y的原因，即使二者实际上并无关联。这并不是说它们之间不存在因果关系，只是它们之间的联系还远没有被证实。

尽管X和Y可能会一同出现或变化，但很多情况下Y的发生并不是由X引起的。"纯属巧合"便是其中一种解释。自第二次世界大战以来，美国的人口增加了，英国修复的运河里程也增加了，但这并不是因为成千上万的美国人横渡大西洋，逃离他们拥挤不堪的城市，来到英国挖掘旧水道而导致的。当研究人员的结论是基于非常小的样本得出的，这些巧合就更有可能发生。例如，一项仅基于10名男性参与者的研究表明，文身与更高的中暑风险相关联。然而，有些研究即使收集了几百万人的数据，一些巧合发生的可能性仍然存在。如果你收集的数据涵盖了足够多的变量——人们的身高、每周的购物支出、

第十章
数据下的焦虑感与安全感

他们的通勤时间、他们是否为纯素食主义者、他们的父亲有多少兄弟姐妹、他们上个月是否感冒，等等，其中肯定有一些变量看似存在相关性，尽管它们其实是无关的。这就是大数据时代的问题。我们面临的危险是，面对太多虚假的因果关系，我们会错过真正重要的关系。这里列举一些已经被发现的虚假相关性的例子，它们简直就是笑料，如：Facebook分析师发现，如果你的名字是伊维特（Yvette），那么你有一个叫伊冯娜（Yvonne）的姐妹的可能性比普通人高37%。更有一些为了博眼球但是风马牛不相及的结论，如：缅因州的人造奶油人均消费量与该州的离婚率密切相关（类似的，美国的蜂群数量与佛蒙特州的结婚率高度相关）。还有一些关联可能只是暗示了人类行为的某些隐藏特征，但我们对此不能肯定，如：美国的一项研究发现，当天气温暖晴朗时，人们购买黑色汽车的可能性较小。

有时候，虚假相关性的出现是因为被观察的两个因素都受到隐藏的第三个因素的影响。在发现打调皮的孩子与孩子日后患抑郁症和滥用药物的风险有相关性的例子中，这个问题的症结可能在于其父母的生活方式：父母本身是药物滥用者，则更有可能会打孩子；而有一对滥用药物的家长本身也会增加孩子不良行为的概率。而且，这项研究是基于成年人在儿时是否有被打的经历而展开的。有可能，存在类似抑郁症等精神健康问题的人更容易回想起不愉快的童年经历。

在下面这些例子中，虽然可能存在因果关系，但却与报道所言恰好相反。《每日快报》称，刷牙有助于预防痴呆症，因为研究发现，牙齿脱落的人更容易患上痴呆症。但真实情况可能是：痴呆症导致牙齿脱落，因为迷失方向和丧失记忆的人可能会忘记定期刷牙，而且其饮食习惯可能也会更差。

尽管存在这些局限性，人们还是非常乐意基于可疑的证据来假设因果关系。有网站发文称："牙齿根管治疗与乳腺癌：关系明确。"它指的是罗伯特·琼斯博士（Dr Robert Jones）对300名患有乳腺癌的女性进行的研究。他发现，其中93%的人做过牙齿根管治疗。当然，这个关联性本身并不能作为因果关系的证明。很可能，其中大约93%的女性也都爱吃肉，大约93%的女性都使用手机，或者大约93%的女性身高都不到70英寸（约1.8米）。

问题是，在确立了一件事导致另一件事的信念后，我们往往只会回忆起那些具有支持性的例子。不能证实它的证据被我们记住的概率会小很多。"对，我看过这个数据，"我们可能会对自己说，"A女士做过牙齿根管治疗，而现在她患上了乳腺癌。"那些许许多多患有乳腺癌但没做过牙齿根管治疗，或做了牙齿根管治疗但没有患上乳腺癌的例子，就被我们无视了。结果就是：我们无缘无故地取消了一次本来可以消除很多不适的牙科预约。

我们不相信那些专家

我们不能把我们对微小风险的所有担忧都归咎于危言耸听的记者和政客，或牟取暴利的制药公司。我们有时就是会对新的、不熟悉的或不受我们控制的事物产生一种本能的恐惧。而无论有多少看似心安的统计数据，都无法令我们放下心来。

海莉留着短发，30多岁，她坚定地站在当地报纸的摄影师面前，面无笑容，怀中抱着一对双胞胎宝宝，身边还有一个蹒跚学步的孩子。这个孩子看上去像是被不远处的什么有趣的事情吸引了注意力。在她身后，一片草地朝着枝繁叶茂的梧桐树树荫延伸开去。就在视线后方，可以瞥见现代化的房屋和一辆旅游大篷车。看来摄影师是突然拜访她的，因为她还穿着拖鞋。对于一家营业额为4760万欧元[①]的跨国公司来说，她看上去没什么威胁。但不知何故，她的力量就在于她的不堪一击。谁敢冒着风险伤害这样一个家庭呢？

在海莉心中，沃达丰（Vodafone）通信公司威胁到了她们一家的生活。该公司想在她家门前的空地上建一个15米高的手机信号塔。它将配备两个圆形微波天线，而海莉担心这可能会增加她的孩子患儿童白血病或脑癌的风险。她还指出，在离信号塔所在地不到200米的地方有一所学校。

美国心理学家保罗·斯洛维奇和他同事们的研究表明，手机信号塔的许多特点在公众眼中是不可接受的风险，即使统计数据显示这些风险很小或根本不存在。作为个人，我们几乎无法控制信号塔放置在哪里；这是强加给我们的，它们代表着一种相对较新的技术，其运转方式对我们大多数人来说都是一个谜。

比起那些不受我们自身控制的潜在威胁，我们自认为可以控制的

---

① 约合人民币4.3亿万元。

— 信息差
÷ 看透大数据背后的底层逻辑

事情所带来的风险更容易被接受。一些人乐意去滑雪，却对食品防腐剂避之唯恐不及，尽管据估计，在滑雪道上受伤或损害健康的可能性要比食品防腐剂高出一千倍。同样，我们可能不重视自己开车的风险，但如果我们被迫坐在一辆自动驾驶汽车里，以每小时70英里（约每小时112.65千米）的速度在高速公路上疾驰，并且距离前车只有几米的距离时，我们可能会被吓到。即使统计数据显示，90%或更多的车祸可能有至少一部分原因是人为失误，而自动驾驶汽车引发事故的可能性很小，我们也还是会提心吊胆。

而且，如果风险是强加给我们的非自愿性风险，或者人们所承担的风险是不平均的，又或者风险没给我们带来什么直接好处，我们也都不太能接受风险。人们可能会抗议污染或在供水中添加氟化物，同时却欣然接受吸烟或酗酒所带来的风险，尽管它们在英国和美国都是导致可预防的死亡的两大原因。甚至有一些证据表明，我们会主动提升我们所面临的风险，以努力在我们的生活中维持一个恒定的可接受的风险感知水平。当事情的危险性降低时，我们的防范之心也会下降，行事更胆大妄为。一项研究观察了驾车者在接近加拿大一个没有红绿灯的铁路道口时的行为。研究者在对铁轨前遮挡的植被被移除前后分别进行了观察。有了更好的视线，司机往往以更快的速度接近十字路口，增加了刹停距离，因此在十字路口发生事故的风险并没有降低。

通过进化，我们已经习惯于对新事物和陌生事物持怀疑态度。随着蒸汽动力和电报的应用在19世纪的美国普及开来，神经病学家乔治·比尔德（George Beard）担心它们会导致一种他称之为神经衰弱的神经疾病。他将其症状——疲劳、头痛、抑郁、高血压和焦虑都归咎于这些新技术导致的不断加快的生活节奏和更大的工作压力。由于美国人似乎特别容易患上这种疾病,它也被称为"美国病"(Americanitis)。甚至有人提出,被诊断为神经衰弱已经成为一种时尚。它是一种标志,表明你富有活力、有竞争力,是生活中会接触这些新发明的典型的美国奋斗者。我记得,当20世纪无处不在的科技产物——电视来到我们家时,有人警告我,看太久会让眼睛变成方形的。还有,当美国人将人类送上月球时,我的祖母却在担心"干扰天体运转"的后果。

虽然我们大多数人认为,如果我们觉得自己无法控制风险,或者如果风险是陌生的或强加于我们的,那么这些风险就不太容易被接受,但专家们却倾向于根据死亡率或载客时每英里死亡人数来判断风险的可接受性。这说明专家和公众的理念可能存在一道鸿沟,而近年来,这道鸿沟已渐渐拉大。

研究表明,要信任一位专家,我们不仅需要相信他们知道自己在说什么,还需要相信他们是诚实和善意的。当然,谁又能担保对方的品行呢?那些怀有不正当意图的人很容易操纵统计数据,所以持怀疑态度反而是明智之举。多年来,兰开夏郡石棉制造商特纳和纽沃尔(Turner & Newall)——当时世界上石棉生产巨头,开展了一场运动,旨在掩盖它们自1961年以来就知晓并隐瞒的一个事实:工作环境中哪怕有一点石棉纤维粉尘都是不安全的。除了争取到当地的自由党议员——大腹便便的西里尔·史密斯(Cyril Smith)的大力政治支持,该公司还说服其内部科学家约翰·诺克斯博士（Dr John Knox）写了一篇论文，使人们对接触石棉会导致疾病的说法产生怀疑。最终，特纳和纽沃尔公司因石棉问题相关诉讼，于2001年宣告破产。如今，在特纳和纽沃尔所在的罗奇代尔镇（Rochdale），人们看着覆盖着石棉粉的树木和田野，开玩笑地说那里一年到头都有霜冻。在该镇的一些街道上，人们认为每家每户都有人死于与石棉有关的疾病。

穿着白大褂、头发蓬乱、在实验室里捣鼓各种器材的科学家们，看上去似乎是另一个世界的人，他们似乎对我们个人的价值观和关心的事情理解得有限。他们的语言、研究方法和发表的论文对我们大多数人来说也无法理解，有时我们会看到，他们在关于"真相"的激烈辩论中针锋相对，而这个"真相"对我们来说却是毫无意义的。因此，如果我们怀疑专家们在暗中密谋着什么，比如保护他们所在行业的利润水平，或者，如果我们认为他们在宣扬有偏见的世界观以捍卫他们的学说，那么对他们给出的统计数据的信任就会消失。

可是，即便专家是诚实和带有善意的，且他们所捍卫的技术不存在直接风险，之所以不信任他们，有可能人们担心自己受到伤害。就拿让海莉如此担忧的信号塔来说，我们知道高强度的微波有加热作用（即微波炉的原理），但相比之下，移动通信传输中使用的无线电波要弱得多，而且随着人与信号塔之间距离的扩大，其危害性也会大大降低。似乎造成那些健康问题的罪魁祸首，是"手机信号塔很危险"的这种信念及与之相关的压力，而不是无线电波本身。我们知道历史上有很多人生病都是因为他们相信自己被诅咒了，同样的心理机制也

第十章
数据下的焦虑感与安全感

可以解释现在的问题。在由埃塞克斯大学的伊莱恩·福克斯（Elaine Fox）带领的一项为期三年的研究中，那些自称对辐射过敏的人，当被要求鉴别信号塔是接通还是关闭时，他们的表现并不比随机猜测准确。无论信号是否真的在传输，还是假装告诉他们信号正在进行传输，他们的过敏症状的次数和严重程度都是相同的。事实上，还没有科学研究发现手机信号塔能对人体直接造成伤害的证据。

但这不可能让海莉安心，就像她对当地报纸所说的那样："直到十年、二十年后，我们才会开始注意到，在这个小镇上有这样一个信号塔会有什么影响。可能到那时，它对健康的影响才开始显现。"那么，在这些艰难的决策中，专家和他们的数据应该扮演什么角色呢？傲慢的专家对公众"说三道四"，试图用大量科学术语掩盖人们的担忧，并将公众的反对意见描述为非理性和无知，这样只会让人们更加坚定自己的立场。转基因种子生产公司孟山都（Monsanto）就被指责采取了这种高压策略，结果直接引起了民众的不满，并降低了人们对转基因食品安全性的信心。尤其是当孟山都辩解道，由于转基因食品是完全安全的，它甚至不需要贴标签。正如我们所看到的，人们对风险的认知包含的不仅是数字和统计数据，但这并不意味着这些认知的有效性或真实性就不重要。研究表明，与人们进行开诚布公的对话，了解他们忧虑的来源，承认任何不确定性，并且充分披露现有信息，这样做才更有可能在人们心里建立长期信任，使人们做出明智的选择。

毕竟，如果海莉因为计划搭建的手机信号塔可能对她孩子造成的威胁而感到担忧和沮丧，进而影响了她的生活质量，那么她的反对意见就不应该被简单地当作一个对电信技术一无所知的女人的错觉。无论数据体现的是什么，她的痛苦都是真实的，而她的担忧足以被纳入考量。

真糟糕，都是负面新闻

这位情绪激昂、西装笔挺地站在我家门口的男子确信，"末日审判"随时可能发生。随着他阐述每一件确凿的证据表明世界末日即将到来，他另一只手的手掌不断敲打着他想要卖给我的一本书。这本书看起来破破烂烂的，反正我是不会买的。当然，关于世界末日的各种预测没一个是灵验的，预测者通常都有一套现成的借口来解释，说他们只需要做一些调整，下一次就准了。但是，在他甩下一句"你会后悔没把我的警告当回事儿的"而愤然离开后，我惊讶地发现，他说话的语气动摇了我的理性。突然，我发现自己向往着二三十年前那个看似舒适的世界——在那个世界里，我们所担忧的事情几乎不会成为现实，而大多数的威胁也早已消散。

"犯罪率上升了11%""消费者支出下降了0.8%""火车准点率下降了1.1%""流感病例在增加"。好像我们担忧得还不够似的，近期图表中不祥的变动告诉我们，世界正在走向毁灭。怪不得"衰落主义"（认为未来会比过去更糟的思想）会盛行。在2015年英国的一项调查中，只有5%的受访者认为世界正在变得更好，而71%的受访者认为世界正在变得更糟。

心理学家认为,有两个因素可能会导致衰落主义。第一,人们往往对10岁到30岁发生的事情印象最深刻,这被称为"怀旧性记忆上涨"(reminiscence bump)。而我们在30岁到60岁经历过的事件的细节就不那么容易被回忆起来。第二,随着年龄的增长,我们往往更容易记起积极的事情,而不是消极的事情。这两个因素加在一起意味着,过去似乎比现在更美好,即使数据告诉我们的是另一个故事。

但是,当我们被说服要去相信本不存在的负面趋势的时候,这种对于世界正在不断恶化的认知并不会起到任何帮助。所谓"一燕不成夏",然而两只燕子也成不了夏,同样,两个数字也成不了趋势。我们用来衡量世界状态的许多东西都受到了随机因素的影响,不可预测的独立偶然事件也会导致图表随着时间的推移出现波动。如果我用骰子掷了一个6,然后又掷了一个4,这时要是说点数有下降的趋势,肯定是愚蠢的。每月的犯罪水平取决于天气(因为扒手不喜欢被暴雨淋湿)、时机(遇到没上锁的汽车)及许多其他偶然因素。这意味着,如果我们将今年的犯罪水平与去年同期相比较,必然会有所不同:去年一定会比今年更好或更差。

问题是,我们会更多地关注图表中最新出现的坏走势,而非好兆头,而且,负面消息也比正面消息更有可能被公布。密歇根大学的斯图尔特·索罗卡(Stuart Soroka)和麦吉尔大学的斯蒂芬·麦克亚当斯(Stephen McAdams)进行了一项实验,让人们观看正面和负面的电视新闻报道,并监测了一系列与兴奋度和注意力相关的生理反应,如心率和皮肤导电性。他们发现，负面新闻会提高人的兴奋度和注意力，然而正面新闻产生的生理反应十分微小。索罗卡和麦克亚当斯提供的证据表明，当杂志封面的论调是负面的时候，相比起正面的封面，杂志报摊的销售额通常能增加30%。因此，图表中每一个明显的下滑都为一个有利可图的故事制造了机会，尽管这可能只是一次随机波动。相反，如果图表中上升的随机波动能登上杂志内页的某个小版面，都已算是很幸运的了。

最糟糕的是那些令人沮丧的、不必要的报告，这些报告将连续几个月或几个季度进行比较，然而，被衡量的数据本就存在季节性的波动。2002年12月12日，BBC新闻网站上的一条标题警告称"火车的准点率越来越低"。报道还附有一张照片，照片中一名绝望的乘客在车站站台前双手抱头。但是，报告中对比的是当年的夏季（7月、8月、9月）和后一个季度（10月、11月、12月），前者晚点率为17%，后者为20%。其实，你本该预计每年后几个月的准点率会下降，因为恶劣的天气条件可能会扰乱铁路服务，而事实上，报告也承认恶劣天气就是罪魁祸首。BBC的报道根本没有提供任何证据表明准点率有恶化的趋势。要推断一种趋势的可能性，我们需要若干个年度同期变化的证据，并且它们还有很大的随机性。

为何不必杞人忧天

这一章并不是在建议我们都应该做盲目乐观的人，或者我们只应该透过玫瑰色的滤镜来回忆那个模糊的旧世界。全世界数以百万计的人困于危险和贫困的生活。全球变暖、环境污染、国际紧张局势和冲突、不平等、核武器和资源过度开采等挑战都是真实存在的。然而，当我们评估世界境况及其未来前景，以及我们在其中的地位时，我们需要一双能明辨是非的双眼。如果在数据能揭示关于风险的真相时无视它们、曲解数据，或者被与危险相关的误导性数据指标欺骗，就相当于我们在驾驭生活的道路上戴了一副镜片变形的眼镜。

正常情况下，令我们害怕的许多威胁其实不太可能会困扰到我们，许多人追忆的过去也可能并不像我们记忆中那般美好。数据告诉我们，人们生活的许多方面都有了巨大的改善，但每天接二连三的坏消息和可怕的小报头条会让我们对这些成就视而不见。以对风险的误解为基础而投出的选票，可能会助长错误的政策，甚至导致煽动者的胜利，可能在这样一个世界里，我们获取、分析和理解准确数据的能力至关重要。

第十一章

PART 11

回归正轨：何时需要依赖数据

我们该如何区分误导性的数据和可靠的数据？当我们的直觉与统计数据相冲突时，我们应该相信哪一个？如果数据是可靠的，并且能传达重要的信息，那么如何呈现它才能使其真正具有影响力？

真相是真

我们已经看到了具有误导性的数据是如何使我们与真相脱节的。当我们过度关注那些充其量只能部分反映现实的数据，或者当那些别有用心的人将他们明知是谎言或半真半假的数据包装成通俗易懂的信息向我们灌输时，我们都可能会被误导。像这样的数据可能会影响我们一些关键决策的质量。我们可能会选择在错误的大学学习，或者追求错误的目标。我们可能会根据有缺陷的科研结果而改变我们的饮食习惯，或者因为那些不具有代表性的调查而改变我们对世界的看法。甚至，当我们仅仅因为简化的数据或主观任意的分类而被贴上标签时，我们的自尊心也会受到影响。

当我们对值得信赖的数据关注过少时，也可能出现与真相脱节的情况。当我们厌恶数据，无法弄清楚数据的含义，或者当可靠的统计数据要告诉我们重要的信息，但我们却因为偏见而对这些数据不屑一顾时，我们就会与真相脱节。其结果就是，我们可能会对灾难受害者反应冷漠，或者可能会由于浪费太多时间避免微不足道的风险而生活得不那么愉快。

当然，我们自始至终都在假设"客观真相"的存在，比如1969年尼尔·阿姆斯特朗（Neil Armstrong）确实在月球上行走过，而且2019年世界人口数量的确超过70亿。一些哲学家对客观真相的概念

第十一章
回归正轨：何时需要依赖数据

提出了异议。他们认为,真相当然是主观的、被社会建构的、由文化决定的,并且无法得到验证。对他们来说,两个人的背景、参照系和观点不同,他们所认为的真相就不同。即使是科学也不能提供准确和客观的知识;真相,只是人类创造的一种意识形态。

然而,我们当中那些不相信后现代主义、只希望尽可能接近客观事实的人,面临着许多挑战。我们该如何区分误导性的数据和可靠的数据?当我们的直觉与统计数据相冲突时,我们应该相信哪一个?如果数据是可靠的,并且能传达重要的信息,那么如何呈现它才能使其具有意义和影响力?

信息警觉性

2015年的时候,我看过一份报告,称88%的美国成年人在一生中的某个时候发送过"黄段子",而且82%的人就在最近一年内发过这样的短信。这两个数字可能是准确的。起初,我对它们信以为真。但几天后,当和一位朋友谈起这件事时,我突然意识到这两个数值高得令人震惊。我从其他地方了解到,美国成年人中有近14%的人年龄在70岁或以上。要么是这些人中有大量人也发"黄段子",要么就是有更高比例的年轻人做出了这种行为。这样的数字很能吸引人们的注意——四处寻找新闻话题的记者最喜欢这样博眼球的话题,但我却对此表示怀疑。

如果我们提高信息警觉性，我们就更有可能避开即将到来的虚假数据风暴。我不是说你必须成为一位数学家。不需要拥有博士学位，你也能够怀疑，一家具有政治倾向的报社赞助的一项关于对全球变暖或犯罪与惩罚的态度的调查，无论它怎么说，也不能代表普通大众的观点。只需稍加思考，你就能知道，平均水平其实不太可能在多元化群体的众多成员中具有代表性。同样，即便你不是专业的心理学家，你也能意识到，基于人们主观判断的数字，比如他们对餐厅或电影的评分，可能会受到主观偏见和观点的不一致性的影响。尽管它们可能会有用，我们也应该谨慎对待它们。如果我们不这样做，就会像在第九章中看到的那样，错误的数据会占据并死守主导地位，无论之后给我们展示的反驳（正确数据）的证据有多么清晰和充分，它们的地位都难以撼动。

问题在于，我们的"系统一"（我们初次提到这个概念是在引言部分）为我们提供的那种快速、直观、无意识和情绪化的思维模式，是毫不费力、十分诱人的。因此，我们在评估信息时倾向于默认使用"系统一"，并接受脑海中浮现的第一感觉。这种轻松的代价是错觉、错误和无意识的偏见。我们可能会认为，投资一家名字容易发音的公司，比如Pera，会比投资一家名字叫Lasiea的公司更有前途，仅仅因为第二个名字有点难读。当听说一趟公路加铁路的行程需要210分钟，而铁路部分的行程比在公路上花费的时间多200分钟时，"系统一"可能会立刻告诉我们，在公路上的用时是10分钟。而片刻之后

第十一章
回归正轨：何时需要依赖数据

分析式思维就会告诉我们，其实这段公路行程只花费了5分钟。①

这种分析式的思维模式来自我们的"系统二"（同样在引言部分初次提到）。它的工作之一就是像一个尽职尽责的家长一样监督"系统一"，并在它误入歧途时将它带回正轨。但这个工作相对较辛苦，而且"系统二"可能会很懒，经常让不够谨慎的信息溜过去，盼着它不会产生什么影响。那么，当我们拿到一个统计数据时，如何才能让"系统二"也参与进来呢？有些方法并不算特别有吸引力。例如，心情不好，显然更能调动善于分析的思维方式，因为当我们感到不开心或受到威胁时，我们会变得更加警觉和谨慎。一项研究称，皱眉也会激活"系统二"，但如果告诉人们每当看到统计数据时就皱眉，可能也会让肉毒杆菌②的销量直线上升。当我们的决策需要对别人负责时，或者当我们处理的问题与我们个人相关并可能产生一定后果时，我们也更有可能使用更多分析式思维。德国的一项研究发现，让人们像统计学家一般看待信息似乎能有效减少偏见。而这就产生了一个疑

---

① 由上可知：

铁路行程时长+公路行程时长=210分钟

铁路行程时长=公路行程时长+200分钟

因此，我们可以得到：

公路行程时长+200分钟+公路行程时长=210分钟

将等式两边同时减去200分钟，可得：

2 × 公路行程时长=10分钟

因此：公路行程时长=5分钟

② 一种医学美容中常用的物质，主要用于减缓面部皱纹。这里是作者戏谑的说法。

— 信息差
÷ 看透大数据背后的底层逻辑

问：统计学家对于一组特定的数据会提出哪些问题？为了使"系统二"更有效，我们需要给它配备一些严格的评估设备。这可能包括询问提供数据的人的动机和能力，哪些事情是数据没有衡量到的，是否包含比较分析且比较分析是否有效等。你可以在后面的附录中找到能够帮助你完成这些提问的一系列关键问题。

直觉并非一无是处

尽管"系统一"表面上看起来很随意，但是否在某些情况下，你的直觉可能是正确的？是否有时候，数据给你的信息和直觉大相径庭，结果你的直觉完胜了呢？关于直觉的力量，有很多令人震惊的例子。一项研究发现，护士能够在医学测试结果出来之前就发现他们护理的儿童受到感染，且危及生命，但他们无法解释自己是如何知道那些孩子正处于危险之中的。在家禽业，确定刚出生一天的雏鸡的性别是很重要的，但对于大多数人来说，即使在仔细检查雏鸡之后，确定性别也是十分困难，甚至不可能的。然而，在日本，经验丰富的鸡性别专家可以根据他们的直觉在不到一秒的时间内做出判断，准确率高达98%。像那些护士一样，他们也无法解释自己是如何做到的。除此之外，有一个一级方程式赛车手的例子。在一场比赛中，这位赛车手在一个发夹弯前毫无预兆、毫无缘由地急刹车，随后他发现前面有几辆连环相撞的汽车。如果没有刹车，他很可能已经命丧黄泉。这位车手无法理解自己的行为，直到利兹大学心理学教授杰拉德·霍奇金森

（Gerard Hodgkinson）领导的一个团队向他展示了比赛的视频时，赛车手才意识到，他在不知不觉中注意到了人群的不寻常反应。所有的观众没有挥舞手臂为他欢呼，而是目瞪口呆地盯着另一个方向，因为他们看到了前面的事故。

但是，思考下面这种情况。假设你赢得了一场比赛，但承诺给你的奖品却相当不寻常。你将在30天内每天拿到一笔钱。第一天你只会收到一便士，但金额会持续地每天增加一倍，所以你在第二天会收到两便士，第三天会收到四便士，以此类推。这份奖金听起来很少，似乎不值得领取，于是你告诉比赛组织者，让他们自己留着那些钱吧。直到有一天，你感到无聊，决定算一算你到底会赢多少钱。你惊愕地意识到奖金将达到10737418英镑零23便士[①]。这看起来完全没道理。这笔钱是如何在短短一个月内，从最初几天的几个便士变成如此巨大，甚至能改变命运的金额的？这对直觉来说简直就是灾难性的后果。

那么，为什么同样是使用直觉，结果却天壤之别呢？似乎，直觉需要具备两个因素才能很好地工作。首先，环境需要有规律性。也就是说，在我们做出判断时，环境中有可以利用的模式。某些症状的出现往往与儿童遭受高危感染有关联，尽管护士们无法有意识地观察到这些联系。一天大的雏鸡，可根据其泄殖腔区域的组织形态上存在特定的综合差异来判断它们是雄性还是雌性。而赛车比赛中，人群的行

---

① 约合人民币9700万元。

为模式将会与赛道上发生的事情联系在一起。

在其他领域，比如股票市场的价格走势，就不太可能存在固定模式，即使人们认为他们可能已经发现了规律。事实上，股市走势图经常被认为毫无规律，像醉汉走路一样。同样缺乏规律性的还有国际政治事件。在一项著名的研究中，专家们在试图对国际政治事件进行预测时，得到的结果比随机猜测还差。根据这项研究的负责人菲利普·泰洛克（Philip Tetlock）的说法："扔飞镖的黑猩猩都会比专家更准确。"

让直觉有效发挥作用所需的第二个因素是，我们必须有机会学习这些已经表现出来的模式。这需要大量的经验。我们需要为过去的事例建立一个巨大的心理数据库，即便我们可能并没有意识到它的存在。直觉是一种与认知差不多的东西。通过大量的练习和反馈，我们学会了认知，如果我们当前的情况与之前的某些模式相吻合，然后我们会自动识别出数据库中适合这些模式的判断。所有这些都是我们在无意识的情况下即刻完成的。这意味着照顾孩子的护士和日本的鸡性别专家，一定都是运用了丰富的经验才能表现得如此出色。如果这位一级方程式赛车手是一个新手，他可能无法在比赛中幸存下来。

相比之下，我们中的大多数人都没有预测某数据呈指数增长的经历，比如前面比赛中的奖金。我们经历过的事情很少会以如此惊人的速度增长。因此，我们的直觉没有相关的数据库可以参考，于是，根据我们更常见的经验，它做出了奖金增长将会较慢的假设。我们猜测，头几天只收到几便士肯定意味着总奖金也很少。不过至少，这样的偏见有时会带来惊喜。退休金储备的增长速度就比大多数人想象得要快,因为它赚的是复利,因此同比增幅越来越大。而直觉可能会告诉我们,增长只是线性的,因此在我们的预计中,每次增长都是相同的。

简而言之,当呈现给你的数据与你的直觉相冲突时,如果你是在一个有规律的环境中且拥有足够的经验,那么你的直觉很可能是正确的。21世纪初发生的一件事情就是一个很好的例子。当时,美国诈骗犯伯尼·麦道夫(Bernie Madoff)被抓到操作着历史上最大的庞氏骗局[1]。这多亏了一位名叫哈里·马克波洛斯(Harry Markopolos)的经验丰富的分析师,仅仅瞥了一眼麦道夫的财务数据后,他感觉到,它们不可能是真实的。对于其他经验和实践较少的人来说,麦道夫的造假是无法被察觉的。

可惜的是,对自己的直觉很有信心,并不能保证它的准确性。我们可能以为巴拿马运河比苏伊士运河长,或者利物浦比爱丁堡更偏西,但事实恰恰相反。当我们获得更多信息时,我们对直觉判断的信心往往会增加,但拥有更多的信息反而会降低我们的准确性。一致且具有令人愉悦的连贯性的信息也可以增加我们对基于这些信息的判断

---

[1] 庞氏骗局以查尔斯·庞兹的名字命名,是一种欺诈类型,投资者被承诺的无风险高回报所吸引。正常来讲,投资回报通常来自公司利润或股价上涨等因素。然而,在庞氏骗局中,投资于庞氏骗局的人所存入的资金被用来为早期投资者提供回报。因此,为了骗局持续下去,该计划需要源源不断的新投资者。

— 信息差
÷ 看透大数据背后的底层逻辑

的信心，即使这些数据可能始终存在偏差。心理学家称之为"有效性错觉"（illusion of validity）。

所有这些都表明，即使我们的直觉令人信服，也需要两个系统协同工作，才会有可能接近真相。在合适的情况下，我们的直觉可以有非凡的发现异常的能力，但它也可能哄骗我们心甘情愿地接受具有误导性的数据，或者让我们认为自己发现了异常情况，可实际上只是幻觉。因此，当某个问题很重要时，最好还是请"系统二"的分析人员进行相关检查。直觉正是马克波洛斯所做的——他不只是依靠他最初的直觉，直觉只是令他对麦道夫的财务数据进行详细分析的刺激因素。在这个案例中，他用分析证实了他的怀疑。

简单3招，让数据有趣

我们可以通过完善我们的认知机制，以对即将看到的数据做出准确判断，但如果我们因为数据看起来枯燥或难以理解从而忽视它们，那么这样的危险状况又该怎么解决呢？当我在上课前走进教室，兴高采烈地宣布我是统计学老师时，我经常能从一排排沉默、僵硬、不带一丝笑容的面孔中觉察到一股恐惧的暗流。我知道同学们在想什么。

"这家伙准备忽悠我们听他讲那些高深莫测的公式和奇奇怪怪的术语，然后用一行行跟我们毫无关系的无聊数据把我们催眠。接着他还会要求我们顺利通过考试。"

美国统计学家爱德华·塔夫特（Edward Tufte）曾说："如果一个统计数据很无趣，那你肯定是搞错数据了。"但正如我们所见，即便我们有对的数据——它们诚实、可靠且能够帮助我们做出更好的决定，我们也很难对它们产生兴趣或理解它们的含义。那么，如何才能将枯燥的数据转化为有影响力、有意义、有吸引力的信息呢？

图表的艺术

在第九章中，我们看到了如何使用艺术来具体化自然灾害和战争中伤亡人数的统计数据。但想要有效地表达统计数据的含义，并不总是需要高超的艺术技巧。即使是简单的图表，比如象形图，就可以奏效。比如医生告诉一位病人，假如他不服用抗凝剂，明年中风的可能性就是0.6%，病人很难想象出这到底意味着什么。在这样的情况下，如下所示的象形图，已被证实有助于表达概率的含义。图中有1000个代表脸的图标。994张笑脸代表的是不会中风的人，而6张苍白悲伤的脸代表的是不幸中风的人。英国国家卫生与临床优化研究院（National Institute for Health and Clinical Excellence, NICE）等组织正在使用这样的图表来帮助患者对他们的治疗方案做出明智的决策。像这样的象形图之所以起作用，部分原因是它们展示了人的数量。正如我们在第七章中所见，心理学家已经证明，相比概率或百分比，我们对用数量（或出现频率）表示的信息能处理得更好。

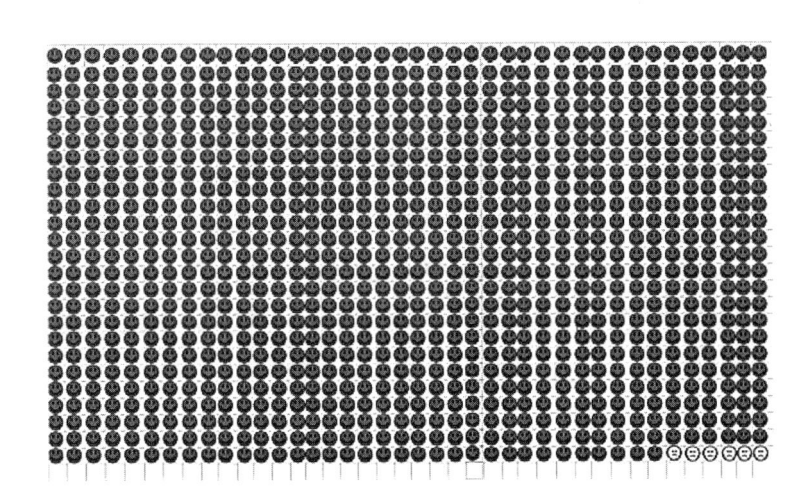

象形图

爱德华·塔夫特和已故的瑞典卡罗林斯卡研究所国际卫生学教授汉斯·罗斯林（Hans Rosling），都是以开创各种描述统计信息的有效方法而闻名的。塔夫特为我们展示了应该如何设计有吸引力的图形、地图和图表，以帮助人们将数据可视化。他说，最好的图表是"耐人寻味且引发好奇心"的。简约和清晰是他的指导原则之一。他警告说，图表不要过于精细，否则创建图表的人只是想给读者留下深刻印象或展示他们的艺术技能，而不是专注于传达数据的关键信息。三维条形图、画面复杂到浪费墨水的图表和标注不到位的图表，都可能会让人眼花缭乱，扭曲了数据要传达的信息。塔夫特将许多这样的设计称为"垃圾图表"。

汉斯·罗斯林因在自己的演讲中吞下一把剑而闻名（请勿模仿），这个举动证明了"看似不可能的事情是可能的"，他开发了许多创新的方式来显示与世界各地经济发展和健康相关的统计数据。其中就包括动态图（animated graphics）。在他创建的网站上，你可以看到千变万化的不同大小和颜色的气泡在图表上移动，展示着自1800年以来不同国家的预期寿命和人均收入是如何共同增加的（气泡的大小代表了这些国家的人口）。其他动态地图和图表显示了这些年来各国的人口和年龄结构发生的巨大变化。还有一些世界各地家庭的照片和他们以美元为单位的每周收入[①]，从一个布隆迪家庭的29美元[②]到一个中国富裕家庭的1万多美元[③]不等。在网站上你可以读到每个家庭对他们的生活和未来的希望，甚至可以看到他们家的内部，看到他们使用的餐具和孩子的玩具。通过这样的展示，这些家庭便不再是遥远国家的匿名统计数据，同时他们也打破了我们的刻板印象；他们展现了每个国家的财富和生活方式都是多样化的。

还有许多其他富有想象力且有效的方式，成功给数字赋予了生命。巴西科学家兼设计师费尔南达·贝尔蒂尼·维埃加斯（Fernanda Bertini Viégas）制作了一张风图，它是一幅持续更新的展示美国各地的风速和风向预报的动态地图。在梅森·柯里（Mason Currey）的《每日惯例》（Daily Rituals）一书中有一张彩色图表，对比了有创造力的名人如何在睡觉、吃饭、锻炼、放松、工作和从事创造性活动等

---

① 此处应为作者笔误，网站上显示的是家庭每月收入。

② 约合人民币212元。

③ 约合人民币7.3万元。

日常事务上分配时间。该图表显示奥诺雷·德·巴尔扎克（Honoré de Balzac）每天从下午6点睡到凌晨1点，然后将后半夜的时间都花在创作上，不过他也会在早上8点到9点半再睡一觉，接着继续写作。相反，巴勃罗·毕加索（Pablo Picasso）和威廉·斯泰伦（William Styron）通常都是睡到午饭时间才起床。还有就是由开放数据研究所（Open Data Institute）制作的，展示1974~2014年英国饮食趋势的简单易懂的图表，它们是根据家家户户保存的家庭菜谱编撰出来的。图表上显示了糖、面粉、土豆和饮料的摄入量在这些年里有所下降，而水果、谷类和调味品的摄入普遍出现了显著增长。

几个埃菲尔铁塔？

并不是任何时候都适合将数据转换成图片或图表——比如，它们可能会在报纸或杂志上占据过大空间。然而，只要稍加注意，就算是包含数字的语句也可以不那么令人无感。我们大多数人普遍不太擅长理解非常大的数字，但只要稍微动动脑筋，就可以将它们缩减到可以理解的范围。比如，据估计，在2017年，16岁及以上的英国女性在服装上的花费为284亿英镑[1]。这句话对我来说意义不大。但是，基于2017年英国大约有2700万年龄在16岁或以上的女性，算下来相当于每位女性约花费1050英镑[2]。这个数字就更容易理解了。当然，我们

---

[1] 约合人民币2556亿元。

[2] 约合人民币9450元。

得记住，这是一个平均水平（平均数），因此可能是被少数高消费的人拉高了的。

284亿英镑除以2700万的精确结果应该是1051.851852英镑[1]。不过，假如保留至小数点后六位，不仅就像用数十亿表示的数字一样令人无感，而且它还因为太过精确而看起来很假，毕竟我们拿来相除的数字也只是粗略的估计值。有时，人们喜欢通过这种方式来展示数字，从而制造一种虚假的科学、准确的假象。约翰逊博士[2]（Dr Johnson）说，四舍五入的数都是假的。但太精确的数字往往也是错误的，即便不是错误的，常常也会通过四舍五入牺牲一些精确度，以便理解。

还有一种能够帮助人们将很大的数字具体化的方法，即当某些事情反复发生时，计算"每时段的比率"。比如，绿色和平组织（Greenpeace）在2018年4月的报告中表示，每天每分钟有体积相当于一卡车的塑料被排入大海。再比如，据估计，在2018年的某个阶段，亚马逊创始人杰夫·贝佐斯（Jeff Bezos）每秒的收入接近2700美元[3]。

如果数字不是单独出现，而是与其他数字进行比较，或是有一个参照基准，它们也会更有意义。曾经有人告诉我，一碗普通的粥含有3～4克膳食纤维，但这是好是坏呢？当我发现这相当于十多碗玉米

---

[1] 约合人民币9500元。

[2] 指英国18世纪著名文人塞缪尔·约翰逊。

[3] 约合人民币2万元。

片中的膳食纤维时，便豁然开朗了。"相当于"这个词就像魔术师一样，可以将抽象的数字变成具体的形象。美国巨型航空母舰乔治·H. W. 布什号（USS George H.W. Bush）有1092英尺（约333米）长。只看这个数字，我很难想象1092英尺有多长，但以足球场为参照，便可以有一个大概的想象——一般的足球场有345英尺长（约105米），所以这艘船的长度相当于三个足球场多一点。用足球场作为参照基准是新闻报道中常见的老办法，十分管用。

至于高度，帝国大厦、自由女神像、伦敦碎片大厦（摘星塔）和埃菲尔铁塔是经常使用的比较对象。2018年，印度古吉拉特邦的团结雕像（Statue of Unity）是当时世界上最高的雕像。这尊印度政治家瓦拉巴伊·帕特尔（Vallabhbhai Patel）的青铜雕像高达597英尺（约182米），令人惊叹，使周围的风景相形见绌，就像《格列佛游记》（Gulliver's Travels）中的场景一样。当你将它与自由女神像进行比较时，你就可以明白597英尺高是什么感觉——它的高度几乎是自由女神像的两倍。

文字加数字

心理学家提供的证据表明，在进行比较时，如果数字同时带有文字标签，表示好坏程度，那么我们将能更好地利用它们。例如，当我们在不同的产品或服务之间做选择时，告诉我们它们各种性能表现的统计信息——例如笔记本电脑的内存容量、能源消耗和处理器速度，这样的信息可能在我们的脑海中悄无声息地闪过。但是，如果这些数字信息同时被标上"差""一般""好""优秀"的标签，我们通常能对产品或服务有更好的理解。

人们还发现，在由联合国政府间气候变化专门委员会（IPCC）做出的报告中，将数字和文字标签结合起来能较为有效地传达与气温预报相关的不确定性。举个例子，对于类似"非常有可能，也就是说，有超过90%的可能性"这样的说法，人们总能做出一致且准确的理解。当然，标签描述的类别可能具有主观任意的边界，但是，与第四章中我们看到的例子不同，在这里，标签并不会取代数字。相反，标签可以促使我们更好地利用数字。

掌控数字，为我所用

在正确的人手中，在正确的动机下，数字可以成为我们的盟友。数字可以是吸引人、有趣、信息量丰富的，它们精准且毫不含糊，可以表达文字无法告诉我们的事情。它们可以激励我们实现新的目标，并警示我们可能没有意识到的问题。它们可以减少不确定性，帮助我们理清思路，这样我们就能以更好的洞察力和信心做出决定。当我们的观点缺乏依据或是我们被误导的时候，它们还可以帮我们提出疑问。

但我们与数字之间的关系是存在另一面的。几年前，我读了大卫·博伊尔（David Boyle）的一本名为《数字暴政》（*The Tyranny of Numbers*）的书。正如标题所示，我们与数字的关系有时会让我们感觉自己像是一个受威权政权支配的被动、麻木的个体。这是一个由数字掌控着我们的行动、目标、身份地位、对我们灌输自私的谎言并隐藏真相的政权。这也是一个无视艺术、美、爱或灵性的庸俗政权。在这片大地上，数字是由知识精英组成的统治阶级的财产，他们剥夺了平民窥探或质疑他们所说内容的权利。精英们使用的度量晦涩难懂，有时还掩盖在技术术语之下，仿佛与人们的日常生活没有丝毫关联。

而这本书的目的，就是帮助人们把数字放回正确的位置，这样它们就可以成为我们的忠仆，而不是我们的支配者。毕竟，数字是我们发明的。为了做到这一点，我们就需要有准备、有能力对数字的不当使用提出挑战。我们需要意识到它们的局限性，同时承认并利用它们的长处。

讽刺的是，在我们生活的这个时代，与日渐扩大的数据集、惊人的科学进步、复杂的统计分析方法、闪电般的计算机处理能力和即时通信并驾齐驱的，竟然是"假新闻"以及我们社会中许多关键人物对真实性的蔑视。不过，就数字而言，许多假事实并非有人故意而为之。它们可能源于那些努力想要对难以捉摸或无法测算的现象进行测量的善意的人，或者源于意在用简单的语言描述复杂事实的过程中出现的过度简单化。这些不真实的数字能够利用我们对简单、有序和确定性的渴望而钻空子。而且，一旦被人们接受，它们就可以永久存在，因为我们天生不喜欢否定事实。

无论出现什么情况，假事实都不利于我们的个人决策和社会发展，因此，当一个有诱惑力的数字出现在我们面前时，养成一种合理的怀疑态度是有好处的：退一步，喘口气，想一想它是如何得出的，它真正代表着什么——用统计学思维思考。确实，这不禁让人想起一个多世纪前H.G.威尔斯的预测，那句助我找到第一份工作的话："在将来，统计（学）思维会和读书写字一样，成为一个合格公民的基本素养。"

在这所谓的后真相时代，这一天业已来临。

对于数据的追问

它的动机是什么？

问问你自己，这个数据的提供者想要兜售给我的是什么观点、产品或者服务？数据最乐于帮助提供数据的人支撑他们的观点和利益，即便这个数据本身是真实可靠的：食品生产商认为的"90%无脂肪"，在营养学家看来就是"脂肪含量10%"。现如今，我们无法保证数据是真实的，但作为个人，我们通常没有时间或资源来核实所谓的事实。如果你觉得有疑问，官方或权威的独立网站都非常值得参考。

这个数据没告诉我们的是什么？

问问你自己，这个数据漏掉了什么？火车是否准点与铁路公司的服务质量并不是一回事。那么列车的清洁度与列车班次频率呢，乘务员的友善程度与你在火车上是否能找到座位或喝到茶的概率呢？你的静息心率并不等同于你的心血管健康状况，学生在学校通过考试的次数也并不代表他们所接受的教育质量。所有这些都是有用的数据，但是它们能告诉我们的只是一个更宏观的情况当中的一部分。正如我们在GDP的话题中讨论过的，数据更倾向于反映一个问题中最容易被量化的层面，而忽略性质方面的因素。例如，许多心理学家就指出，智商并没有将人的创造力纳入考量范围。并且，如果有人告诉你，你的生活方式会使你患上致命疾病的风险增加30%，却没有给出起始风险值，那么你面临的真实风险可能仍然非常小。

数据背后有哪些简化的假设前提？

值得一问的还有，这个数据是如何将真实情况进行简化处理的，以及它基于哪些假设前提。比如平均值就是对不同人群的简化总结，它可能根本不代表任何个人。城市排行榜的排名往往基于不同因素的加权组合——如污染水平、生活成本和犯罪发生频率，但本该反映出这些因素相对重要性的权重，其在设置之时可能根本没有合适的理由。

然后就是那些主观任意的分类。一旦将数据划分为不同组别的界限确定了之后，这些分类可能就会被滥用，变得不可控。比如学位的等级，比如将学生的原始百分比分数转换为字母代表的分级成绩，再

━ 信息差
✢ 看透大数据背后的底层逻辑

比如像"肥胖""过重""过轻"这样的体重级别。它们看起来可以让生活变得更简单，但那些划分不同组别的阈值往往都是为了方便而设置的，就像排行榜中的权重一样，这些分类的界限不一定全有道理。因此，我们有必要注意不要让自己落入圈套，以为分属两个类别中的个体差别就很大。

数据是否基于不具有代表性的调查研究？

报纸上惊人的统计数据可能会让它的发行量大增，但值得一问的是，这个数据是从哪里来的。如果它是基于一项调查，那么它是否有尽力做到对总体中具有代表性的圈层进行抽样？在互联网调查中受雇成为小组成员的人可能并没有代表性。配额抽样确实是在试图确保调查能充分代表总体中的多样性，但如果调查员敲门时你从来不在家，你就没有机会成为受调查的一员。而那些在进行调查时大概率待在家里或出现在街上的人，也多半不能代表一般人群。即使是随机抽样，也可能会因为被选为调查对象的人没有做出回应而失去代表性。所有这些都意味着，调查公布的误差范围大多会高估调查结果的可靠性。

数据是基于小样本量得出的吗？

就连抽样调查，即使本来期望其具有代表性，但如果只使用了一小部分人（或物体）作为样本，也可能得到不准确的结果。小样本会得出反常的结果。它们也可能会无法体现出有用的信息。例如，一项调查没有发现任何证据表明教学方法X比目前使用的方法更好，这可能只是意味着被研究者人数太少，还无法发现方法X的好处。

如果数据是由问卷得出的，那么问卷设计是否存在漏洞？

人们回答问卷时是可以被问题的措辞方式所操控的。尤其要当心基于以下问题形式得出的统计数据：诱导性提问（你是否同意这个不称职的政党应该被投票赶下台？）；双管问题或一题多问，即提问中包含了两个部分，而当人们对问题表示同意的时候，他们可能只是同意问题中的某一个部分（你是否同意政府应该在国防和教育上投入更多资金？）；推断性提问（你什么时候戒的烟？）；以及不切实际地限制人们的选项的提问（你会在下次选举中投票给工党还是保守党？）。

数据是根据主观判断得出的吗？

如果是的话，我们就要注意，人们可能不善于将自己的感受转换成数据，他们的回答可能会因心理偏见而失真，而且他们的回答也经常会不一致。因此，将主观数字当作一个精确的数据是不明智的。不过，有时候也可以说："即使这个主观预期发生很大变化，我们依然会选择相同的行动路线，所以我们根据它做决策也没问题。"

— 信息差
÷ 看透大数据背后的底层逻辑

给出的对比是否成立？

把不能比较的东西放在一起对比是那些试图欺骗我们的人的惯用伎俩。小心两个不同时间点之间的比较，这两个时间点很可能是被仔细挑选的，为了显示出一种实际上并不存在的上升或下降趋势。尤其要警惕不同国家之间的比较，因为统计数据可能是按不同的定义收集到的。同样，即便是在同一个国家所做的对比，当被测量的东西的定义或范围随着时间的推移发生了变化时，对比结果可能也是无效的。尤其是，不要相信任何忽略价格通货膨胀影响的金钱支出或收入比较。

是总数还是人均数？

如果听说一个国家在医疗保健方面的支出比20年前增加了20%，我们可能会倍感欣慰，但如果同期人口规模也大幅增加了，那么人均支出实际上可能不升反降。

这些数据合理吗？

最后，问问你自己，这些数据是否合理。有分析人士发现，以女性名字命名的飓风造成的破坏更大，更聪明的人偏爱薯条圈儿，以及素食主义者误机的次数更少。就像前面讨论过的，我们的直觉并不能完美地指引我们相信或忽略某些事情，因此，我们该经常问一问自己：是否有合理的理由来支持这项发现？如果没有，那就最好在有新的证据出现之前，保持开放的态度。